# CIÊNCIAS

# ÂNGELA e SUELI

# 2

Dedicamos esta obra a vocês, professores e alunos, e os convidamos a conhecer o mundo através das lentes das Ciências da Natureza, reinventando modos de ensinar e aprender.
Com carinho,
Ângela e Sueli

**ÂNGELA BERNARDES DE ANDRADE GIL**

Licenciada em Letras pela Universidade de Taubaté (SP).
Professora de Língua Portuguesa e de Ciências no Ensino Fundamental, atuando há vários anos em escolas das redes pública e privada de São Paulo.
Diplomada no curso: Ensino e aprendizagem de Ciências Naturais, História e Geografia no Ensino Fundamental I e na Educação Infantil, pelo Instituto Superior de Educação Vera Cruz – Cevec – Centro de Estudos Educacionais.

**SUELI FANIZZI**

Doutora e Mestre em Educação – Ensino de Ciências e Matemática pela Faculdade de Educação da Universidade de São Paulo.
Licenciada em Pedagogia pela Universidade de São Paulo.
Professora do curso de Pedagogia da Universidade de Mogi das Cruzes.
Assessora pedagógica e formadora de professores dos anos iniciais do Ensino Fundamental.

FTD

FTD

Ciências Ângela e Sueli – Ciências – 2º ano


| | |
|---|---|
| **Diretor editorial** | Lauri Cericato |
| **Diretora editorial adjunta** | Silvana Rossi Julio |
| **Gerente editorial** | Natalia Taccetti |
| **Editora** | Luciana Leopoldino |
| **Editora assistente** | Laura de Paula |
| **Assessoria** | Maissa Salah Bakri |
| **Gerente de produção editorial** | Mariana Milani |
| **Coordenador de produção editorial** | Marcelo Henrique Ferreira Fontes |
| **Gerente de arte** | Ricardo Borges |
| **Coordenadora de arte** | Daniela Máximo |
| **Projeto gráfico** | Bruno Attili, Juliana Carvalho |
| **Projeto de capa** | Sérgio Cândido |
| **Ilustração de capa** | Wandson Rocha |
| **Supervisor de arte** | Vinicius Fernandes |
| **Editor de arte** | Leandro Brito |
| **Diagramação** | Essencial design |
| **Tratamento de imagens** | Ana Isabela Pithan Maraschin, Eziquiel Racheti |
| **Coordenadora de ilustrações e cartografia** | Marcia Berne |
| **Ilustrações** | Estúdio Lab307, Ilustra Cartoon, Jurandir, Léo Fanelli/ Giz de cera, Lettera Studio, Lima, MW Editora, Estúdio Ornitorrinco, Peterson Mazzoco, Raitan Ohi |
| **Coordenadora de preparação e revisão** | Lilian Semenichin |
| **Revisão** | Iara R. S. Mletchol, Lucila Segóvia, Pedro Fandi, Yara Affonso |
| **Supervisora de iconografia e licenciamento de textos** | Elaine Bueno |
| **Iconografia** | Danielle de Alcântara, Priscilla Liberato |
| **Licenciamento de textos** | Marianna Moretti, Bárbara Clara, Carla Marques |
| **Supervisora de arquivos de segurança** | Silvia Regina E. Almeida |
| **Diretor de operações e produção gráfica** | Reginaldo Soares Damasceno |

**Dados Internacionais de Catalogação na Publicação (CIP)**
**(Câmara Brasileira do Livro, SP, Brasil)**

Gil, Ângela Bernardes de Andrade
Ciências : Ângela & Sueli, 2º ano / — 1. ed. —
São Paulo : FTD, 2018.

Bibliografia.
ISBN 978-85-96-01588-2 (aluno)
ISBN 978-85-96-01589-9 (professor)

1. Ciências (Ensino fundamental) I. Fanizzi, Sueli. II. Título.

18-15149 CDD-372.35

**Índices para catálogo sistemático:**
1. Ciências : Ensino fundamental 372.35
Maria Alice Ferreira - Bibliotecária - CRB-8/7964

1 2 3 4 5 6 7 8 9



Produção gráfica
FTD EDUCAÇÃO | GRÁFICA & LOGÍSTICA
Avenida Antônio Bardella, 300 - 07220-020 GUARULHOS (SP)
Fone: (11) 3545-8600 e Fax: (11) 2412-5375

Rua Rui Barbosa, 156 – Bela Vista – São Paulo – SP
CEP 01326-010 – Tel. 0800 772 2300
Caixa Postal 65149 – CEP da Caixa Postal 01390-970
www.ftd.com.br
central.relacionamento@ftd.com.br

# APRESENTAÇÃO

CARO ALUNO,

PREPARAMOS COM MUITO CARINHO ESTA COLEÇÃO PARA ABRIR AS PORTAS DO UNIVERSO CIENTÍFICO A VOCÊ E SEUS COLEGAS.

APRENDER CIÊNCIAS SIGNIFICA OBSERVAR, PESQUISAR E INVESTIGAR, COM ATENÇÃO, QUESTÕES QUE ENVOLVEM OS FENÔMENOS DA NATUREZA E OS SERES VIVOS EM CONSTANTE RELAÇÃO COM O AMBIENTE. DESSA FORMA, REFLETIR E DISCUTIR SOBRE ESSAS QUESTÕES, FAZER EXPERIMENTOS, TESTAR E COMPROVAR HIPÓTESES SERÃO AÇÕES IMPORTANTES PARA A SUA APRENDIZAGEM.

DESEJAMOS UM BOM ESTUDO!
UM ABRAÇO,

AS AUTORAS.

MONKEY BUSINESS IMAGES/SHUTTERSTOCK.COM

# SUMÁRIO

## UNIDADE 1 OS SERES VIVOS E O AMBIENTE 8



## UNIDADE 2 AR, ÁGUA E SOLO 20

UNIDADE

## 3 O MUNDO DAS PLANTAS



UNIDADE

## 4 O MUNDO DOS ANIMAIS

ILUSTRAÇÕES: RAITAN OHI

UNIDADE

## 5 VAMOS FALAR SOBRE NÓS! 60



UNIDADE

## 6 O CORPO HUMANO 72



UNIDADE

## 7 SER HUMANO E SAÚDE 86

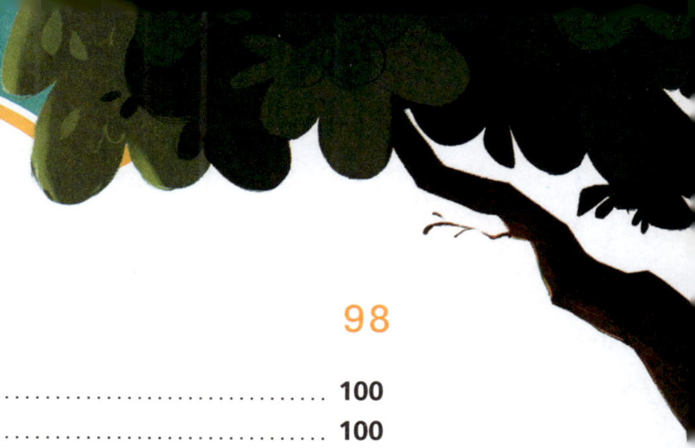

UNIDADE

## 8 A PASSAGEM DO TEMPO



UNIDADE

## 9 DO QUE SÃO FEITOS OS OBJETOS

ILUSTRAÇÕES: RAITAN OHI

UNIDADE

# 1 OS SERES VIVOS E O AMBIENTE

1. O QUE VOCÊ VÊ NA IMAGEM?
2. NA SUA OPINIÃO, DE QUE AS PLANTAS NECESSITAM PARA VIVER?
3. QUAL É A IMPORTÂNCIA DO SOL PARA OS SERES VIVOS?

RAITAN OHI

AGE FOTOSTOCK/EASYPIX BRASIL

VOCÊ VAI APRENDER SOBRE:

- SERES VIVOS E COMPONENTES NÃO VIVOS
- AMBIENTES E SEUS COMPONENTES
- AMBIENTES AQUÁTICOS E TERRESTRES
- O SOL COMO FONTE DE LUZ E CALOR

# SERES VIVOS

## O QUE VOCÊ TEM PARA CONTAR?

NO CAMINHO PARA A ESCOLA, VOCÊ DEVE PASSAR POR VÁRIOS LUGARES E VER PESSOAS, ANIMAIS, CONSTRUÇÕES. DEPENDENDO DA REGIÃO EM QUE VOCÊ VIVE PODE VER UM RIO, O MAR, JARDINS, PRAÇAS E RUAS.

- CONTE O QUE VOCÊ VÊ DURANTE O SEU PERCURSO.

O SER HUMANO, OS OUTROS ANIMAIS E AS PLANTAS SÃO SERES VIVOS QUE HABITAM O PLANETA.

OS SERES VIVOS TÊM UM CICLO VITAL, ISTO É: NASCEM, CRESCEM, PODEM SE REPRODUZIR, ENVELHECEM E MORREM.

## ATIVIDADES

**1.** VAMOS OBSERVAR A IMAGEM A SEGUIR, QUE REPRESENTA O CICLO VITAL DE UMA PLANTA.

AS CORES NÃO CORRESPONDEM AOS TONS REAIS.

AS IMAGENS ESTÃO FORA DE ESCALA DE TAMANHO.

CICLO VITAL DE UMA PLANTA COM FLORES, FRUTOS E SEMENTES.

ESTÚDIO ORNITORRINCO

A) O QUE VOCÊ ENTENDEU SOBRE O CICLO VITAL DAS PLANTAS, APÓS OBSERVAR A IMAGEM?

B) COMO VOCÊ IMAGINA QUE UMA SEMENTE APARECE NO LOCAL EM QUE ELA BROTA?

2. OBSERVEM OS SERES VIVOS E OS DEMAIS COMPONENTES NAS IMAGENS E DISCUTAM AS QUESTÕES A SEGUIR.

ANDRE DIB/PULSAR IMAGENS

CACHOEIRA NO PARQUE NACIONAL DA CHAPADA DOS GUIMARÃES. MATO GROSSO, 2016.

EDSON SATO/PULSAR IMAGENS

JOVENS YANOMAMI EM SÃO GABRIEL DA CACHOEIRA. AMAZONAS, 2010.

A) QUAIS SÃO OS SERES VIVOS NAS IMAGENS? POR QUE VOCÊ PODE FAZER ESSA AFIRMAÇÃO?

B) ALÉM DOS SERES VIVOS, O QUE MAIS VOCÊ VÊ NAS IMAGENS? POR QUE PODEMOS AFIRMAR QUE NÃO SÃO SERES VIVOS?

# COMPONENTES NÃO VIVOS

O QUE VOCÊ IMAGINA QUE SEJAM COMPONENTES NÃO VIVOS?

SE PRESTARMOS ATENÇÃO À NOSSA VOLTA, PODEMOS PERCEBER QUE NÃO EXISTEM SOMENTE SERES VIVOS. HÁ TAMBÉM DIVERSOS COMPONENTES NÃO VIVOS, COMO A ÁGUA, O SOLO E O AR.

## ATIVIDADES

**1.** ESCREVA O NOME DE DOIS COMPONENTES NÃO VIVOS QUE VOCÊ PODE OBSERVAR EM SUA SALA DE AULA.

______________________________________________

**2.** MANUELA PRECISA FAZER A LIÇÃO DE CASA DE CIÊNCIAS. LEIA, NO BALÃO, A CONCLUSÃO A QUE ELA CHEGOU SOBRE SERES VIVOS E COMPONENTES NÃO VIVOS.

VP PHOTO STUDIO/SHUTTERSTOCK.COM

**A)** A CONCLUSÃO DE MANUELA ESTÁ CORRETA?

☐ SIM ☐ NÃO

**B)** EXPLIQUE A SUA RESPOSTA.

# OFICINA

## INVESTIGAÇÃO NA ESCOLA

VAMOS VERIFICAR QUAIS SERES VIVOS E COMPONENTES NÃO VIVOS HÁ EM DIFERENTES ESPAÇOS DA ESCOLA?

### COMO FAZER

1. EM GRUPO E COM A AJUDA DO PROFESSOR, FAÇAM UMA INVESTIGAÇÃO NO PÁTIO, NA QUADRA, NO JARDIM, NA CANTINA E EM OUTROS ESPAÇOS DA ESCOLA. VOCÊS DEVERÃO PROCURAR POR SERES VIVOS E POR COMPONENTES NÃO VIVOS.

**ATENÇÃO!** SIGA OS PROCEDIMENTOS DE SEGURANÇA ESPECÍFICOS DE CADA ESPAÇO VISITADO NA ESCOLA, PARA EVITAR CONTATO COM PLANTAS TÓXICAS, ANIMAIS VENENOSOS OU OBJETOS CORTANTES E PERIGOSOS.

2. DURANTE A INVESTIGAÇÃO, OBSERVEM E MEMORIZEM ALGUNS NOMES DOS SERES VIVOS E DOS COMPONENTES NÃO VIVOS ENCONTRADOS.

3. NA SALA DE AULA CONVERSEM SOBRE O QUE VIRAM E PREENCHAM O QUADRO ABAIXO COM QUATRO NOMES DE COMPONENTES NÃO VIVOS E QUATRO NOMES DE SERES VIVOS OBSERVADOS.

### RESULTADOS

| SERES VIVOS | COMPONENTES NÃO VIVOS |
|---|---|
| | |
| | |
| | |
| | |

# AMBIENTES E SEUS COMPONENTES

EM QUAL AMBIENTE OS PEIXES PODEM VIVER?

NA TERRA EXISTEM DIFERENTES AMBIENTES, COM SERES VIVOS E COMPONENTES NÃO VIVOS QUE SE RELACIONAM.

OS SERES VIVOS PRECISAM DE DIFERENTES COMPONENTES NÃO VIVOS. O SOLO, POR EXEMPLO, É UM COMPONENTE NÃO VIVO QUE PODE SERVIR DE ABRIGO PARA ANIMAIS. HÁ ANIMAIS QUE SERVEM DE ALIMENTO PARA OUTROS, E PLANTAS QUE TAMBÉM SERVEM DE ALIMENTO E ABRIGO PARA OS ANIMAIS. TANTO AS PLANTAS COMO OS ANIMAIS PRECISAM DA LUZ DO SOL PARA VIVER.

IANDAGNALL COMPUTING/ALAMY/GLOW IMAGES

PLANETA TERRA VISTO DO ESPAÇO, EM 2015.

## ATIVIDADE

- SIGA AS PISTAS E ENCONTRE AS PALAVRAS NO DIAGRAMA.

1. LUGAR ONDE SERES VIVOS E COMPONENTES NÃO VIVOS SE RELACIONAM.
2. UM DOS COMPONENTES NÃO VIVOS NECESSÁRIOS AOS SERES VIVOS.
3. PODE SERVIR DE ABRIGO A ALGUNS SERES VIVOS.
4. PODE SERVIR DE ALIMENTO PARA ANIMAIS.

| | | | | | | | | | | |
|---|---|---|---|---|---|---|---|---|---|---|
| J | L | O | A | M | B | I | E | N | T | E |
| R | U | E | N | A | F | K | W | P | T | Y |
| O | B | D | P | W | J | O | E | Á | X | H |
| C | H | Q | A | V | B | I | L | G | U | F |
| H | P | L | A | N | T | A | O | U | Z | C |
| A | D | H | I | M | I | X | P | A | P | K |

# AMBIENTES AQUÁTICOS E AMBIENTES TERRESTRES

O QUE VOCÊ ENTENDE POR AMBIENTE AQUÁTICO E AMBIENTE TERRESTRE?

NO NOSSO PLANETA, EXISTEM VÁRIOS TIPOS DE AMBIENTES TERRESTRES E DE AMBIENTES AQUÁTICOS.

AS FLORESTAS, OS DESERTOS E OS AMBIENTES POLARES SÃO EXEMPLOS DE AMBIENTES TERRESTRES. OS MARES, OS RIOS E OS LAGOS SÃO EXEMPLOS DE AMBIENTES AQUÁTICOS.

OS DIFERENTES SERES VIVOS TÊM CARACTERÍSTICAS PRÓPRIAS, QUE PERMITEM A ELES VIVER EM UM AMBIENTE ESPECÍFICO.

POR EXEMPLO, ALGUNS ANIMAIS SÃO TERRESTRES, COMO O COELHO, E OUTROS SÃO AQUÁTICOS, COMO O GOLFINHO.

HÁ AINDA ANIMAIS QUE, QUANDO JOVENS, VIVEM EM AMBIENTES AQUÁTICOS E, NA FASE ADULTA, PASSAM A VIVER NO AMBIENTE TERRESTRE. O SAPO É UM DELES.

## ATIVIDADE

- OBSERVE AS IMAGENS.

STEPHEN FRINK/DIGITALVISION/GETTY IMAGES

JOÃO PRUDENTE/PULSAR IMAGENS

- O QUE ACONTECERIA COM O PEIXE SE ELE FOSSE COLOCADO NO AMBIENTE MOSTRADO NA IMAGEM B?

# O SOL COMO FONTE DE LUZ E CALOR

**O QUE SIGNIFICA DIZER QUE O SOL FORNECE LUZ E CALOR?**

A MAIORIA DOS SERES VIVOS NECESSITA DA LUZ E DO CALOR DO SOL PARA VIVER.

A QUANTIDADE DE LUZ E DE CALOR QUE CHEGA AOS DIVERSOS AMBIENTES DO PLANETA PODE SER MUITO DIFERENTE. POR EXEMPLO, HÁ DESERTOS COM TEMPERATURAS ELEVADAS DURANTE O DIA, EM PARTE POR CAUSA DA GRANDE INCIDÊNCIA DE LUZ SOLAR. PARA VIVER NESSES DESERTOS, OS SERES VIVOS PRECISAM TER CARACTERÍSTICAS QUE PERMITAM QUE SOBREVIVAM ÀS TEMPERATURAS ELEVADAS E À PRESENÇA DE LUZ.

CERTOS LAGARTOS CONSEGUEM SOBREVIVER EM REGIÕES COM TEMPERATURAS MUITO ELEVADAS.

JÁ EM DESERTOS FRIOS, COMO A ANTÁRTICA E O ÁRTICO, EXISTEM LONGOS PERÍODOS SEM A PRESENÇA DE LUZ SOLAR. NOS PERÍODOS SEM LUZ, AS TEMPERATURAS SÃO EXTREMAMENTE BAIXAS E OS ANIMAIS E AS PLANTAS DEVEM ESTAR ADAPTADOS A ESSAS CONDIÇÕES.

OS CÃES DA RAÇA MALAMUTE VIVEM EM REGIÕES DE BAIXA TEMPERATURA E LONGOS PERÍODOS SEM LUZ.

AS PLANTAS SÃO SERES VIVOS CAPAZES DE PRODUZIR O PRÓPRIO ALIMENTO E, PARA ISSO, NECESSITAM DA LUZ DO SOL.

A LUZ DO SOL TAMBÉM PODE DETERMINAR DIVERSOS PROCESSOS DAS PLANTAS, COMO A FLORAÇÃO, A PERDA DE FOLHAS, A **GERMINAÇÃO**, ENTRE OUTROS. CADA PLANTA RESPONDE DE FORMA DIFERENTE À QUANTIDADE DE LUZ DO SOL E ÀS MUDANÇAS QUE OCORREM AO LONGO DO ANO.

**GERMINAÇÃO:** É O DESENVOLVIMENTO DO GERME QUE HÁ NA SEMENTE DA PLANTA.

DELFIM MARTINS/PULSAR IMAGENS

A QUARESMEIRA FLORESCE DUAS VEZES AO ANO, ENTRE JUNHO E AGOSTO E ENTRE DEZEMBRO E MARÇO.

ISA/KINO.COM.BR

A SAPUCAIA FLORESCE EM SETEMBRO.

## ATIVIDADE

- LEIA A DESCRIÇÃO DO EXPERIMENTO.

> DUAS SEMENTES DE MILHO FORAM PLANTADAS NO MESMO DIA: UMA DELAS FICOU FECHADA EM UMA CAIXA E A OUTRA FICOU SOBRE UMA CARTEIRA PRÓXIMA À JANELA. AS DUAS RECEBERAM A MESMA QUANTIDADE DE ÁGUA DURANTE 6 DIAS.
>
> O RESULTADO DO EXPERIMENTO FOI FOTOGRAFADO E É MOSTRADO AO LADO.

A

DOTTA2

B

DOTTA2

- EM SUA OPINIÃO, QUAL DAS PLANTAS FICOU PRÓXIMA À JANELA? EXPLIQUE SUA RESPOSTA.

## UM PASSO A MAIS

1. OBSERVE AS IMAGENS QUE MOSTRAM O CICLO DE VIDA DA TARTARUGA MARINHA. EM SEGUIDA, ELABORE E ESCREVA UMA LEGENDA PARA CADA UMA DELAS. SIGA O EXEMPLO.

ADRIAN HEPWORTH/ ALAMY/GLOW IMAGES

APÓS O NASCIMENTO, OS FILHOTES DE TARTARUGA MARINHA VÃO PARA O MAR.

SPL/LATINSTOCK

______________________________

______________________________

VISUALS UNLIMITED, INC./SOLVIN ZANKL/GETTY IMAGES

______________________________

______________________________

______________________________

SPL/LATINSTOCK

______________________________

______________________________

______________________________

2. LEIA A TIRINHA E VEJA O QUE CARLINHOS FALOU PARA SUA MÃE.

LEO FANELLI / GIZ DE CERA

A) QUAL FOI A REAÇÃO DA MÃE DE CARLINHOS AO SEU PEDIDO? EM SUA OPINIÃO, POR QUE ELA TEVE ESSA REAÇÃO?

B) SE VOCÊ ENCONTROU ALGUMA INFORMAÇÃO INCORRETA NO BALÃO DA FALA DE CARLINHOS, REESCREVA-A, CORRIGINDO.

______________________________________________

______________________________________________

______________________________________________

C) POR QUE VOCÊ ACHA QUE NÃO É UMA BOA IDEIA TER UMA TARTARUGA MARINHA COMO ANIMAL DE ESTIMAÇÃO? CONVERSE COM OS COLEGAS E O PROFESSOR.

UNIDADE

# 2 AR, ÁGUA E SOLO

1. VOCÊ JÁ FEZ UMA TRILHA? COMO ERA O SOLO EM QUE VOCÊ PISAVA?
2. QUAL É A IMPORTÂNCIA DA ÁGUA NA PAISAGEM MOSTRADA NA ILUSTRAÇÃO?
3. O AR QUE AS CRIANÇAS RESPIRAM AO LONGO DA TRILHA É MAIS PURO DO QUE O AR NA CIDADE? POR QUÊ?

RAITAN OHI

**VOCÊ VAI APRENDER SOBRE:**

- O AR
- A ÁGUA
- O SOLO

# A PRESENÇA DO AR

## O QUE VOCÊ TEM PARA CONTAR?

O AR, A ÁGUA E O SOLO SÃO COMPONENTES QUE FAZEM PARTE DA VIDA DOS SERES HUMANOS E DE MUITOS OUTROS SERES VIVOS.

- O QUE VOCÊ SABE SOBRE ELES?

O AR ESTÁ EM TODA PARTE E, EMBORA NÃO POSSAMOS VÊ-LO, SENTIMOS OS SEUS EFEITOS. O GÁS OXIGÊNIO PRESENTE NO AR É ESSENCIAL PARA A MAIORIA DOS SERES VIVOS.

A PRESENÇA DO AR FICA EVIDENTE EM MUITAS ATIVIDADES HUMANAS, COMO QUANDO SOLTAMOS PIPA OU ENCHEMOS BALÕES.

EM MUITOS MOMENTOS, PODEMOS SENTIR O VENTO, QUE É O AR EM MOVIMENTO. POR EXEMPLO, QUANDO OS GALHOS DAS ÁRVORES SE AGITAM ANTES DA CHUVA. O VENTO TAMBÉM PODE SER USADO PARA A GERAÇÃO DE ENERGIA ELÉTRICA DE FORMA POUCO POLUENTE, NAS USINAS EÓLICAS.

MONKEY BUSINESS IMAGES/SHUTTERSTOCK.COM

PARA SOLTAR PIPA, É NECESSÁRIA A PRESENÇA DO VENTO.

**ATENÇÃO!** NUNCA USE CEROL NA LINHA DE EMPINAR PIPA. ELE REPRESENTA GRANDE RISCO PARA MOTOCICLISTAS, CICLISTAS, PEDESTRES E ATÉ MESMO PARA AS AVES.

RUBENS CHAVES/PULSAR IMAGENS

PARQUE EÓLICO DE ARACATI, NO LITORAL DO CEARÁ, EM 2013.

# INVESTIGANDO E EXPERIMENTANDO

## PERCEBENDO A EXISTÊNCIA DO AR

### MATERIAL

- 1 COPO DE PLÁSTICO TRANSPARENTE E RÍGIDO
- 1 RECIPIENTE TRANSPARENTE (TIGELA, BACIA, AQUÁRIO) COM ÁGUA
- DIVERSAS FOLHAS DE PAPEL SULFITE OU PEDAÇOS DE JORNAL

## PRIMEIRA ETAPA

### COMO FAZER

1. AMASSE O PAPEL E APERTE-O BEM NO FUNDO DO COPO.
2. VIRE O COPO DE BOCA PARA BAIXO E, SEM INCLINÁ-LO, MERGULHE-O DENTRO DO RECIPIENTE COM ÁGUA, DE MODO QUE FIQUE COMPLETAMENTE SUBMERSO.
3. ESPERE ALGUNS SEGUNDOS E RETIRE O COPO DO RECIPIENTE SEM INCLINÁ-LO.

RENATO BASSANI

REPRESENTAÇÃO DA PRIMEIRA ETAPA DO EXPERIMENTO.

### FORMULANDO HIPÓTESES

- O QUE VOCÊ IMAGINA QUE VAI ACONTECER COM O PAPEL?

### RESULTADOS

- O QUE VOCÊ OBSERVOU?

## SEGUNDA ETAPA

### COMO FAZER

- MERGULHE O COPO NOVAMENTE DENTRO DO RECIPIENTE, DA MESMA MANEIRA QUE VOCÊ FEZ NA PRIMEIRA ETAPA.

### FORMULANDO HIPÓTESES

- O QUE VOCÊ PENSA QUE ACONTECERÁ SE INCLINAR LENTAMENTE O COPO DENTRO DA ÁGUA?

### RESULTADOS

- AGORA INCLINE O COPO E OBSERVE. O QUE ACONTECEU?

### CONCLUSÕES

- O QUE VOCÊ PODE AFIRMAR SOBRE OS RESULTADOS DO EXPERIMENTO?
- REVEJA SUAS ANOTAÇÕES E PENSE EM TUDO O QUE VOCÊ E SEUS COLEGAS CONVERSARAM SOBRE O EXPERIMENTO.
- ELABOREM UM TEXTO COLETIVO NO QUADRO DE GIZ, QUE SERÁ O RELATÓRIO DO EXPERIMENTO.
  COPIE-O A SEGUIR.

# O AR QUE RESPIRAMOS

O AR É UMA MISTURA DE GASES. ELE É FORMADO PELO GÁS OXIGÊNIO, GÁS NITROGÊNIO E POR OUTROS GASES EM MENOR QUANTIDADE.

OBSERVE A QUANTIDADE DE CADA UM DOS GASES PRESENTES NO AR EM NOSSO PLANETA MOSTRADA NO GRÁFICO A SEGUIR.

## GASES QUE COMPÕEM O AR

EDITORIA DE ARTE

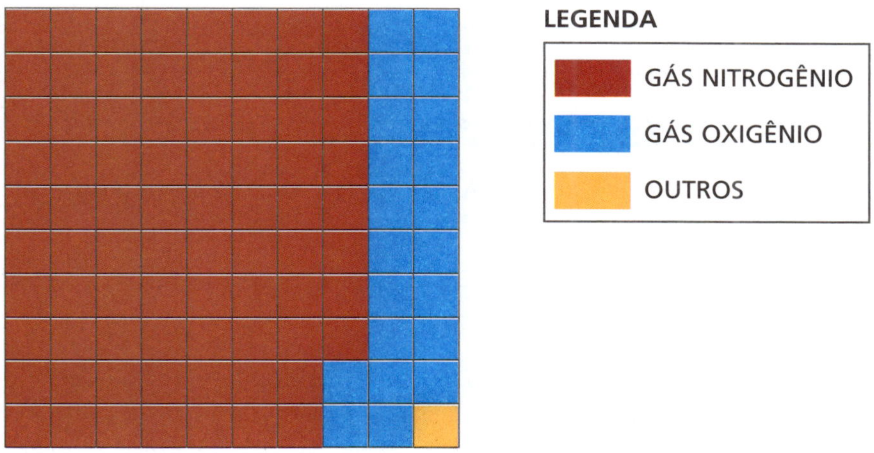


GRÁFICO ELABORADO COM BASE EM DADOS DA AGÊNCIA ESPACIAL ESTADUNIDENSE (NASA). DISPONÍVEL EM: <https://nssdc.gsfc.nasa.gov/planetary/factsheet/earthfact.html>. ACESSO EM: 16 MAR. 2017.

O GÁS OXIGÊNIO É ESSENCIAL PARA A MAIORIA DOS SERES VIVOS, POIS GRANDE PARTE DELES PRECISA DESSE GÁS PARA RESPIRAR.

AS IMAGENS ESTÃO FORA DE ESCALA DE TAMANHO.

RICHARD WHITCOMBE/SHUTTERSTOCK.COM

OS PEIXES RESPIRAM O GÁS OXIGÊNIO PRESENTE NA ÁGUA.

I'M CHERRY/SHUTTERSTOCK.COM

AS PLANTAS RESPIRAM O GÁS OXIGÊNIO PRESENTE NO AR.

ATIVIDADE

- OBSERVE O GRÁFICO DA PÁGINA 25, QUE MOSTRA OS GASES QUE COMPÕEM O AR, E RESPONDA:

A) QUAIS SÃO OS PRINCIPAIS GASES QUE COMPÕEM O AR?

______________________________________________

B) QUAL DELES APARECE EM MAIOR QUANTIDADE?

______________________________________________

C) QUAL DOS GASES É UTILIZADO NO PROCESSO DE RESPIRAÇÃO DA MAIORIA DOS SERES VIVOS?

______________________________________________

# A ÁGUA

A ÁGUA QUE SAI DA TORNEIRA PODE SER BEBIDA?

A ÁGUA ESTÁ EM QUASE TODOS OS LUGARES. NOS MARES, RIOS E LAGOS, NAS CHUVAS, NO SOLO, NO AR E NO CORPO DOS ANIMAIS E DAS PLANTAS.

TODOS OS SERES VIVOS DEPENDEM DA ÁGUA PARA VIVER.

LMSPENCER/SHUTTERSTOCK.COM

OS ANIMAIS PRECISAM BEBER ÁGUA PARA VIVER.

SEAPHOTOART/SHUTTERSTOCK.COM

O CORPO DA ÁGUA-VIVA É COMPOSTO PRINCIPALMENTE DE ÁGUA.

AS IMAGENS ESTÃO FORA DE ESCALA DE TAMANHO.

## ÁGUA POTÁVEL

A ÁGUA QUE CHEGA A NOSSA CASA NEM SEMPRE ESTÁ PRONTA PARA SER BEBIDA. ELA DEVE SER FILTRADA OU FERVIDA PARA SE TORNAR ADEQUADA PARA O USO, ISTO É, TORNAR-SE POTÁVEL.

FERNANDO FAVORETTO/CRIAR IMAGEM

É IMPORTANTE BEBER ÁGUA POTÁVEL PARA MANTER A BOA SAÚDE.

## A ÁGUA NO DIA A DIA

PRECISAMOS DA ÁGUA PARA TOMAR BANHO, ESCOVAR OS DENTES, LAVAR AS MÃOS, MANTER LIMPAS NOSSAS ROUPAS E NOSSA CASA.

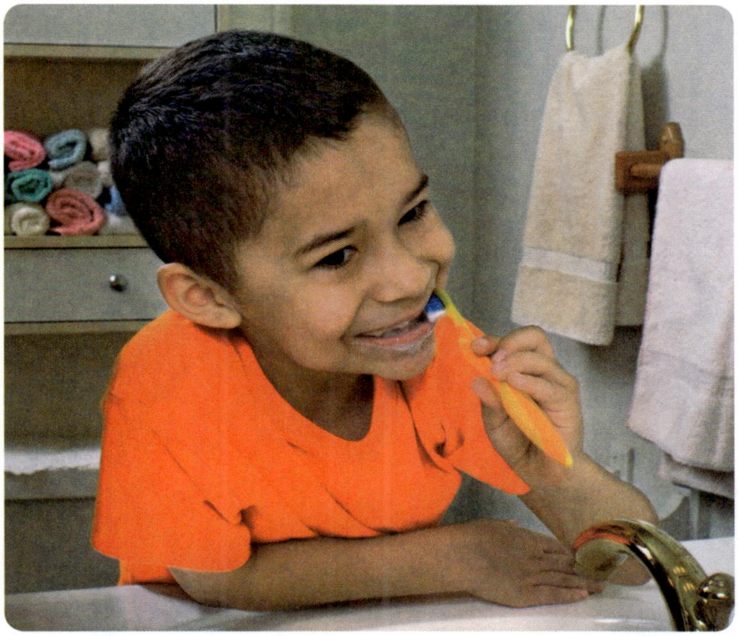

344512847I/SHUTTERSTOCK.COM

ENQUANTO ESCOVA OS DENTES, MANTENHA A TORNEIRA FECHADA.

NAS INDÚSTRIAS, POR EXEMPLO, A ÁGUA FAZ PARTE DA FABRICAÇÃO DE MUITOS DOS OBJETOS QUE UTILIZAMOS.

A AGRICULTURA TAMBÉM É MUITO IMPORTANTE PARA OS SERES HUMANOS. ENTRETANTO, O PLANTIO E A COLHEITA DOS ALIMENTOS CONSOMEM MAIS ÁGUA QUE TODAS AS OUTRAS ATIVIDADES HUMANAS JUNTAS.

# ATIVIDADES

**1.** LEIAM A TIRINHA E RESPONDAM.

ALEXANDRE BECK. **ARMANDINHO**. DISPONÍVEL EM: <https://tirasarmandinho.Tumblr.Com/search/agua>. ACESSO EM: 25 MAIO 2017.

- O QUE FOI FEITO NA CASA DA AMIGA DO ARMANDINHO PARA QUE OS MORADORES NÃO FICASSEM SEM ÁGUA?

**2.** VEJA A QUANTIDADE DE ÁGUA NORMALMENTE GASTA PARA PRODUZIR 100 GRAMAS DE ALGUNS ALIMENTOS:

FONTE: INFOGRÁFICO ELABORADO COM BASE EM: A ÁGUA QUE VOCÊ NÃO VÊ. PLANETA SUSTENTÁVEL. DISPONÍVEL EM: <http://planetasustentavel.abril.com.br/download/stand2-painel4-agua-virtual.pdf>. ACESSO EM: 17 MAR. 2017.

- INDIQUE A QUANTIDADE DE ÁGUA GASTA NA PRODUÇÃO DE CADA UM DOS INGREDIENTES A SEGUIR:

**A)** 100 GRAMAS DE CARNE DE FRANGO = __________ LITROS DE ÁGUA.

**B)** 100 GRAMAS DE BATATA = __________ LITROS DE ÁGUA.

**C)** 100 GRAMAS DE BANANA = __________ LITROS DE ÁGUA.

# O SOLO

COMO O SER HUMANO UTILIZA O SOLO?

O SER HUMANO UTILIZA O SOLO DE DIVERSAS MANEIRAS: CULTIVA PLANTAS E CRIA ANIMAIS QUE LHE SERVIRÃO DE ALIMENTO, ALÉM DE EXTRAIR MUITOS TIPOS DE MINERAIS.

MUITAS PLANTAS SE FIXAM NO SOLO, ONDE SUAS RAÍZES SE DESENVOLVEM E DE ONDE RETIRAM A ÁGUA E OS SAIS MINERAIS, INDISPENSÁVEIS PARA O SEU CRESCIMENTO.

DE MODO GERAL, O SOLO É FORMADO POR PEDAÇOS DE ROCHAS, ÁGUA, AR, RESTOS DE ANIMAIS E PLANTAS MORTAS, E SERES VIVOS.

PHOTOGRAPHYFIRM/SHUTTERSTOCK.COM

O ASPECTO E AS CARACTERÍSTICAS DOS SOLOS VARIAM DE ACORDO COM SEUS COMPONENTES.

## OFICINA

### OBSERVAÇÃO DE SOLOS

- VOCÊ, SEUS COLEGAS DE GRUPO E SEU PROFESSOR VÃO OBSERVAR SOLOS AO REDOR DA ESCOLA.

#### MATERIAL

- PÁ
- LUVAS DESCARTÁVEIS
- SAQUINHOS DE PLÁSTICO
- ETIQUETAS
- FOLHAS DE JORNAL
- VARETAS DE MADEIRA
- LUPA (LENTE DE AUMENTO), SE POSSÍVEL

#### COMO FAZER

COLETA

1. ESCOLHAM SOLOS DE TRÊS LOCAIS AO REDOR DA ESCOLA PARA OBSERVAR.
2. EM CADA LOCAL OBSERVADO ANOTEM TUDO O QUE IDENTIFICAREM NO SOLO.
3. USANDO LUVAS E UMA PÁ, COLETEM UM POUCO DE SOLO DOS TRÊS LOCAIS.
4. COLOQUEM O SOLO RECOLHIDO NOS SAQUINHOS E NUMEREM-NOS COM ETIQUETAS: SOLO 1, SOLO 2 E SOLO 3.

ANÁLISE

1. NA SALA DE AULA, COLOQUEM AS AMOSTRAS DE SOLO SOBRE UMA FOLHA DE JORNAL.
2. USANDO AS LUVAS, UTILIZEM UMA VARETA E ESFARELEM O SOLO DE CADA AMOSTRA. OBSERVEM AS CORES, SINTAM OS ODORES, VEJAM SE OS GRÃOS SÃO DUROS OU MACIOS, BRILHANTES OU OPACOS.

3 VEJAM SE NAS AMOSTRAS HÁ RESTOS DE ANIMAIS, FOLHAS, GALHOS.

4 USANDO AS LUVAS, MEXAM NA TERRA E TENTEM PERCEBER SE AS AMOSTRAS ESTÃO SECAS OU ÚMIDAS.

1. PREENCHAM O QUADRO COM SUAS OBSERVAÇÕES.

**CARACTERÍSTICAS DOS SOLOS COLETADOS**

| SOLOS / DADOS SOBRE O SOLO OBSERVADO | SOLO 1 | SOLO 2 | SOLO 3 |
|---|---|---|---|
| LOCAL DE ORIGEM | | | |
| COR | | | |
| TIPO DE GRÃOS | | | |
| SERES VIVOS (OU RESTOS) | | | |
| UMIDADE | | | |

2. DISCUTA COM SEU GRUPO AS QUESTÕES A SEGUIR.

- QUAIS AS CORES DE SOLO DOS LOCAIS VISITADOS?
- EXISTEM DIFERENÇAS ENTRE O SOLO QUE FOI TIRADO DE LOCAIS COM PLANTAS E SEM PLANTAS?
- QUE TIPOS DE SERES VIVOS (OU PARTES DELES) FORAM ENCONTRADOS NAS AMOSTRAS DE SOLO?

## UM PASSO A MAIS

MW EDITORA E ILUSTRAÇÕES

1. O AR ESTÁ PRESENTE NA CENA. POR QUE PODEMOS FAZER ESSA AFIRMAÇÃO?

2. ONDE A ÁGUA ESTÁ PRESENTE NA CENA?

3. POR QUE, EM SUA OPINIÃO, O SOLO É REPRESENTADO COM CORES DIFERENTES EM ALGUNS LOCAIS DA IMAGEM?

4. OBSERVE A IMAGEM E LEIA A LEGENDA.

A) QUAIS SÃO OS PROBLEMAS QUE VAZAMENTOS COMO ESTES PODEM CAUSAR?

B) EM SUA OPINIÃO, COMO ESSE PROBLEMA PODE SER SOLUCIONADO? CONVERSE COM SEUS COLEGAS.

DREAMLAND MEDIA/SHUTTERSTOCK.COM

VAZAMENTOS NAS REDES DE DISTRIBUIÇÃO DE ÁGUA SÃO RESPONSÁVEIS POR GRANDE PARTE DA PERDA DE ÁGUA TRATADA.

5. EM UMA FOLHA AVULSA, ESCREVA UM RELATO SOBRE O TEMA A SEGUIR.

LEMBRE-SE DE UMA CAMINHADA QUE VOCÊ JÁ TENHA FEITO COM AMIGOS OU FAMILIARES A UM LOCAL COM RIO, VEGETAÇÃO, ANIMAIS E OUTROS COMPONENTES DO AMBIENTE.

PENSE SOBRE AS CARACTERÍSTICAS DO AR, DA ÁGUA E DO SOLO QUE VOCÊ PERCEBEU AO LONGO DO CAMINHO, BEM COMO AS RELAÇÕES ENTRE SERES VIVOS E ESSES COMPONENTES.

UTILIZE O ESPAÇO ABAIXO PARA ANOTAR IDEIAS PARA O SEU RELATO. FAÇA UMA ILUSTRAÇÃO PARA ACOMPANHAR SEU RELATO.

UNIDADE

# 3 O MUNDO DAS PLANTAS

1. Quais componentes do ambiente aparecem na imagem?
2. O que as plantas da imagem têm de semelhante? E de diferente?
3. Qual é a relação entre a casa mostrada na imagem e as plantas?

RICARDO TELES/PULSAR IMAGENS

**VOCÊ VAI APRENDER SOBRE:**

- Plantas aquáticas e plantas terrestres
- Partes das plantas
- Ciclo de vida das plantas

# CADA PLANTA EM SEU LUGAR

## O QUE VOCÊ TEM PARA CONTAR?

As plantas estão em toda parte: no caminho para a escola, em vasos, nos jardins das casas e na sua alimentação. A existência das plantas é fundamental para a maioria dos seres vivos.

- O que você sabe sobre as plantas?

As plantas são seres vivos que podem ser encontrados em diversos ambientes.

As plantas terrestres podem estar presas ao solo, às rochas ou se apoiar sobre outras plantas.

ZIG KOCH/NATUREZA BRASILEIRA

As bromélias apoiam-se em outras plantas e, assim, obtêm mais luz para se desenvolver.

As plantas aquáticas vivem na água. Algumas delas ficam totalmente mergulhadas na água, outras flutuam sobre ela.

FABIO COLOMBINI

A vitória-amazônica é uma planta aquática típica da região amazônica.

Dependendo de suas características, as plantas podem viver em regiões de altas ou baixas temperaturas e também em lugares onde chove pouco ou onde chove muito.

DELFIM MARTINS/PULSAR IMAGENS

Os cactos são plantas que vivem em regiões quentes e secas, como o sertão de Pernambuco.

## ATIVIDADE

- Quais semelhanças e diferenças você percebe entre as plantas mostradas nas imagens?

MARUKOSU/SHUTTERSTOCK.COM

Ninfeia.

MARIO FRIEDLANDER/PULSAR IMAGENS

Ipê-roxo.

# AS PARTES DE UMA PLANTA

Todas as plantas possuem flores?

Quase todas as plantas possuem raízes, caule e folhas. Muitas delas produzem flores e frutos. Cada uma dessas partes exerce uma função na manutenção da vida da planta da qual ela faz parte.

AS CORES NÃO CORRESPONDEM AOS TONS REAIS.

AS IMAGENS ESTÃO FORA DE ESCALA DE TAMANHO.

BLUERINGMEDIA/SHUTTERSTOCK.COM

## RAIZ

A raiz geralmente tem a função de prender a planta ao solo, retirar a água e os sais minerais da terra e transportá-los até o caule. As raízes podem ser muito diferentes de acordo com o tipo e o tamanho da planta e o local no qual ela vive. Algumas raízes são utilizadas na alimentação, na fabricação de remédios e de perfumes.

DIETER WERTZ/ALAMY/GLOW IMAGES

Alguns tipos de figueira têm raízes tão resistentes que pontes naturais são construídas com elas para se atravessar riachos em certas localidades da Índia.

### #FICA A DICA

**A PLANTA CARNÍVORA DE LÉO,**

**de Claudia Souza. São Paulo: Callis, 2010.**

Léo era um menino comum, mas que tinha como "bicho de estimação" uma planta carnívora. Um dia, percebeu que objetos começaram a desaparecer de sua casa...

Quer descobrir o segredo de Léo? Vale a pena conferir!

EDITORA CALLIS

## CAULE

O caule sustenta as folhas, as flores, os frutos e as sementes e distribui a água e outros nutrientes absorvidos pelas raízes para todas as partes da planta.

Também há vários tipos de caule, dos mais finos aos mais grossos, desenvolvidos dentro do solo ou em sua superfície.

FABIO COLOMBINI

Os tubérculos, como a batata-inglesa (*Solanum tuberosum*), são caules subterrâneos muito grossos que contêm substâncias nutritivas.

DIANA TALIUN/SHUTTERSTOCK.COM

A roseira (*Rosa* spp.) é uma planta de caule fino que fica fora do solo; pode ser utilizada para decoração.

## FOLHA

As folhas são os órgãos responsáveis pela captação da luz solar, que a maioria das plantas utiliza para produzir seu alimento. Também por meio das folhas as plantas eliminam água e respiram. O formato das folhas pode variar muito de uma planta para outra, dependendo das condições do ambiente no qual ela vive. O ser humano utiliza muitas folhas em sua alimentação.

HAPPYSTOCK/SHUTTERSTOCK.COM

Plantas de locais úmidos geralmente possuem folhas largas. Como, por exemplo, a folha de bananeira.

ETITARENKO/SHUTTERSTOCK.COM

Alface, cebolinha, rúcula, escarola, couve e salsinha são exemplos de folhas utilizadas na nossa alimentação.

## OFICINA

# COLEÇÃO DE FOLHAS

Se você observar bem as folhas das plantas, perceberá que elas variam muito em tamanho, quantidade, forma, espessura e cor.

Para conhecer melhor essa enorme diversidade, você fará uma coleção de folhas, que recebe o nome de herbário.

OLGA KORNEEVA/SHUTTERSTOCK.COM

AS IMAGENS ESTÃO FORA DE ESCALA DE TAMANHO.

AS CORES NÃO CORRESPONDEM AOS TONS REAIS.

**ATENÇÃO!** Só colete folhas que você tenha certeza de que não são perigosas. Em caso de dúvida, consulte o professor.

## COMO FAZER

**1** Observe e colete folhas que não estejam secas caídas no chão de sua escola, nas ruas, nos parques de sua cidade e em outros locais. Lembre-se de utilizar luvas ou um saco plástico para proteger as mãos. Vá sempre acompanhado de um adulto. Procure saber o nome da planta da qual a folha caiu e marque o lugar onde a encontrou.

**2** Coloque as folhas ainda verdes que você coletou entre as folhas de um jornal. Cubra esse conjunto de folhas com uma última folha de jornal e coloque sobre ele objetos pesados, como livros ou tijolos. Aguarde de duas a três semanas.

**3** Após esse período, as folhas estarão secas. Você, então, vai colar cada uma delas em um cartaz e escrever ao lado da folha as informações que você conseguiu sobre ela.

- Há muitas folhas diferentes nas coleções da turma? Em que elas mais se diferenciam?

# FLOR

As flores são os órgãos reprodutores das plantas. É das flores que se formam os frutos. Nos frutos estão as sementes, as quais darão origem a novas plantas.

As flores estão presentes em nossa alimentação e na fabricação de perfumes, remédios e diversos outros produtos.

CHAMELEONSEYE/SHUTTERSTOCK.COM

RUBENS CHAVES/PULSAR IMAGENS

Os brócolis e a alcachofra são exemplos de flores que podem fazer parte de nossas refeições.

# FRUTO

O fruto protege as sementes, que poderão dar origem a novas plantas. Cada tipo de fruto tem um aspecto próprio: pode ser redondo, oval ou em forma de vagem, por exemplo.

Além de poderem ser comidos ao natural, os frutos podem se transformar em deliciosos sucos e geleias.

Muitos frutos que conhecemos são adocicados, como a goiaba, o mamão, a pera e a maçã. São chamados de frutas. Existem também frutos que podem ser preparados com sal e outros temperos.

SILVESTRE SILVA/OPÇÃO BRASIL

A acerola é uma fruta rica em vitamina C.

CSP_MIRAMISKA/EASYPIX BRASIL

A vagem e o tomate são frutos que, em geral, são usados em pratos salgados.

## ATIVIDADES

**1.** Encontre no diagrama as palavras que completam as frases.

- As ______________ fixam as plantas no solo e retiram dele água e sais minerais.
- O ______________ transporta a água e os sais minerais por toda a planta, além de fornecer-lhe sustentação.
- As ______________ são responsáveis pela reprodução das plantas que produzem frutos.
- O ______________ tem a função de proteger as sementes.
- As ______________ estão envolvidas na fabricação do alimento da planta.

| | | | | | | | | | |
|---|---|---|---|---|---|---|---|---|---|
| F | L | O | R | E | S | C | T | I | C |
| R | A | B | R | T | W | L | P | Y | A |
| U | R | G | W | K | O | P | Z | A | U |
| T | F | R | A | Í | Z | E | S | R | L |
| O | E | A | S | T | Q | Y | P | R | E |
| D | V | F | O | L | H | A | S | T | X |

**2.** As árvores são diferentes umas das outras. Algumas, como a figueira, têm raízes visíveis, fora da terra.

- Por que é importante, para a figueira, que suas raízes sejam tão grandes?

Figueira.

PALÊ ZUPPANI/PULSAR IMAGENS

# CICLO DE DESENVOLVIMENTO DE UMA PLANTA

Qual é a importância das sementes?

As sementes são partes importantes para que as plantas se reproduzam. Quando as condições do ambiente estão adequadas, a semente germina e dá origem a uma nova planta.

Observe a representação das etapas da germinação da semente de feijão.

Ilustração produzida com base em: Jane B. REECE e outros. **Campbell Biology**. 10th ed. San Francisco: Pearson, 2014.

Entre as principais condições ambientais para a germinação de sementes, estão a presença de luz, a quantidade de água e a temperatura. No entanto, cada planta apresenta necessidade diferente desses **fatores** para germinar. Por exemplo, as condições ambientais para que a semente de feijão germine são diferentes daquelas que são necessárias para a semente de abacate.

**Fatores**: motivos, causas, razões, condições.

## ACESSAR PARA. . . SE DIVERTIR

### DESENHANDO PLANTAS NO MICROCOMPUTADOR

Você já tentou desenhar utilizando o microcomputador? Existem alguns programas que oferecem essa possibilidade.

Há muitas opções para baixar da internet, além daqueles que já vêm instalados na maioria dos microcomputadores.

Com esses programas, você pode traçar diferentes tipos de linhas, incluir formas, carimbos e etiquetas, além de usar recursos de pintura como pincéis, *spray* e lata de tinta para fazer combinações que vão deixar seu desenho bem bonito.

- Que tal usar um desses programas para desenhar uma planta com todas as suas partes?

ESTÚDIO ORNITORRINCO

## ATIVIDADE

- Identifique e escreva o nome das partes das plantas que aparecem nas imagens.

LIM YONG HIAN/ SHUTTERSTOCK.COM

semente

fruta

GLENN YOUNG/ SHUTTERSTOCK.COM

raiz

caule

NATTIKA/ SHUTTERSTOCK.COM

folha

raiz

OKSANA SAVCHYN/ SHUTTERSTOCK.COM

flores

folha

## OFICINA

### MINI-HORTA DE TEMPEROS

Você vai fazer uma mini-horta de temperos.

#### MATERIAL

- Potes de iogurte vazios com furo pequeno no fundo
- Sementes de temperos diversos
- Terra
- Água
- Palitos de dentes
- Papel
- Lápis
- Cola
- Recipiente para colocar os copos de iogurte
- Um par de luvas
- Uma colher ou pá de jardim

#### COMO FAZER

1. Vista as luvas. Coloque um pouco de terra em cada pote de iogurte.
2. Coloque as sementes nos potes de iogurte, separadas por tipo.
3. Coloque os potes de iogurte sobre o recipiente.
4. Com palitos de dentes, lápis, papel e cola, faça plaquinhas para identificar cada planta. Coloque-as no pote correspondente.
5. Ponha água em cada pote e deixe-os em um local adequado para uma boa germinação. Acrescente água quando perceber que a terra está seca.
6. Assim que perceber que as plantas estão brotando, leve-as para um local iluminado (mas sem luz direta).
7. Observe e anote em seu caderno o que acontece com cada planta.

# UM PASSO A MAIS

**1.** Observe a imagem e responda.

**a)** O que deve haver nesse local que permitiu que a semente germinasse?

**b)** Nesse local uma planta tem tudo do que precisa para continuar crescendo? Explique sua resposta.

EUGENE SERGEEV/SHUTTERSTOCK.COM

**2.** Imagine a seguinte situação.

AS IMAGENS ESTÃO FORA DE ESCALA DE TAMANHO.

Sua tia ganhou um conjunto de plantas de presente, mas não sabe como deve cuidar delas. Ela sabe que você está estudando este conteúdo, por isso pediu sua ajuda. Ela quer saber onde colocar os vasos e que quantidade de água as plantas precisam receber. Ela mandou esta foto para que você possa ajudá-la.

- Que orientações você vai passar para sua tia?

**3.** Você conhece o jogo *Stop*? Vamos jogá-lo com os colegas.

- Vocês podem jogar em dupla ou em grupos, conforme o professor orientar.
- Para jogar, vocês precisarão de papel e lápis.
- Escolham um jogador. Ele vai pensar nas letras do alfabeto, desde o A até o Z. Em determinado momento, alguém dirá *Stop*, que significa "pare" em inglês.
- A letra em que o jogador estava pensando nesse momento será dita ao grupo, que imediatamente deverá escrever nomes de plantas, ou partes de plantas, utilizadas na alimentação e que comecem com a letra escolhida.
- Cada nome correto escrito vale um ponto.
- Em seguida, troquem as posições de quem pensa na letra e quem fala *Stop*.
- Registrem os pontos. Vencerá quem tiver mais pontos ao final de dez partidas.

LEO FANELLI / GIZ DE CERA

UNIDADE

# 4 O MUNDO DOS ANIMAIS

1. Observe os animais na imagem e descreva algumas de suas características.
2. Quais componentes do ambiente você identifica na imagem?

FABIO COLOMBINI

Na foto, aves como as cabeças-secas e os tuiuiús, jacarés na água e gado pastando no pantanal, no estado do Mato Grosso, em 2013.

VOCÊ VAI APRENDER SOBRE:

- Animais terrestres e aquáticos
- Características de alguns animais
- Alimentação dos animais

# ONDE VIVEM OS ANIMAIS

## O QUE VOCÊ TEM PARA CONTAR?

Você já deve ter visto muitos animais diferentes em parques, ou imagens em revistas, na televisão ou na internet.

- O que você sabe sobre os locais onde eles vivem, sua alimentação e a forma como se locomovem?

Os animais podem viver em ambientes aquáticos ou em ambientes terrestres. Alguns animais passam parte da vida na água e parte da vida na terra. Em um mesmo ambiente, podemos encontrar vários animais vivendo juntos.

Os animais que passam a maior parte da vida na terra são chamados animais terrestres. Já os animais que vivem na água são os animais aquáticos.

FABIO COLOMBINI

O papagaio come vários tipos de semente, como: semente de girassol, de aveia, de arroz.

NATURE PICTURE LIBRARY/EASYPIX BRASIL

O peixe-boi-da-amazônia é um animal aquático que se alimenta de algas, aguapés e capim aquático. Ele é alvo de caçadores por causa de sua carne e gordura, e isso faz que esteja ameaçado de extinção.

## ATIVIDADE

AS CORES NÃO CORRESPONDEM AOS TONS REAIS.

AS IMAGENS ESTÃO FORA DE ESCALA DE TAMANHO.

- Circule de azul os animais que vivem na água e de verde os que vivem na terra.

Ararajuba.

Golfinho.

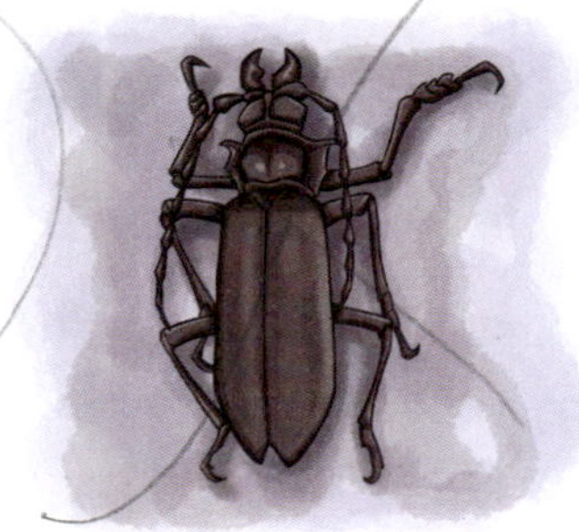

Besouro.

Anta.

Tucano.

Cobra-coral.

Piranha.

Coruja-buraqueira.

Mico-leão-dourado.

Tubarão.

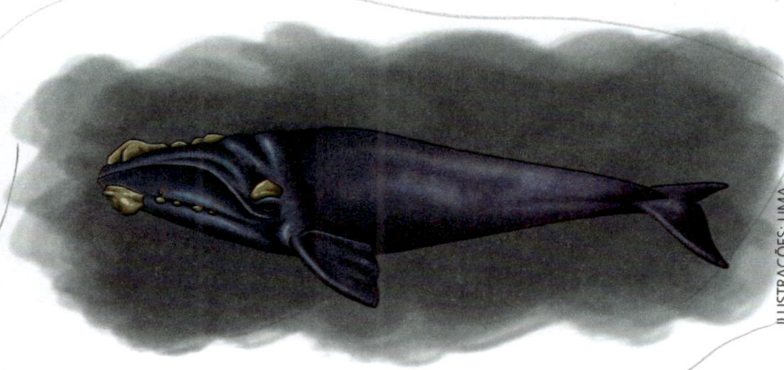

Baleia.

ILUSTRAÇÕES: LIMA

# ANIMAIS DE ESTIMAÇÃO

Muitos animais, aquáticos ou terrestres, podem viver em companhia dos seres humanos. Geralmente eles recebem cuidados das pessoas e são chamados de animais de estimação.

Além de receber alimentação adequada e ter acesso a boas condições de higiene, os animais de estimação também precisam ser vacinados. As vacinas são necessárias para que os animais tenham uma vida saudável e possam conviver com o ser humano e outros animais sem o risco de transmitirem ou contraírem doenças.

ROB HAINER/SHUTTERSTOCK.COM

BRAND X PICTURES/STOCKBYTE/GETTY IMAGES

Muitas pessoas possuem animais de estimação, principalmente gatos e cachorros.

DAVE KING/DORLING KINDERSLEY/GETTY IMAGES

Algumas pessoas possuem peixes de estimação.

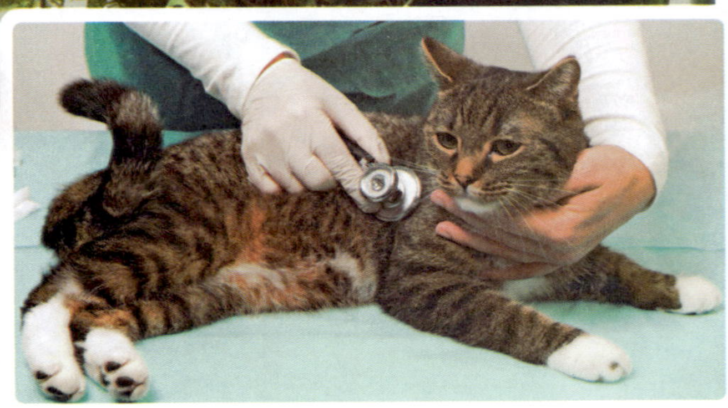

BMF-FOTO.DE/SHUTTERSTOCK.COM

Os veterinários são profissionais responsáveis por cuidar da saúde dos animais, inclusive da vacinação deles.

## ATIVIDADES

1. Você tem algum animal de estimação? Caso você tenha, faça um desenho dele em uma folha avulsa. Se você não tiver, pense em um animal que você gostaria de ter e desenhe-o. No final da atividade, com seu professor, você colocará seu desenho no mural da sala.

2. Escreva as informações do animal que você desenhou.

   a) Que animal você desenhou?

   ______________________________________________

   b) Ele é aquático ou terrestre?

   ______________________________________________

   c) Qual é o nome dele?

   ______________________________________________

   d) Como é o corpo dele? Descreva cor, tamanho, formato, cobertura do corpo, número de membros, entre outras características.

   ______________________________________________

   ______________________________________________

   ______________________________________________

   e) De que ele se alimenta?

   ______________________________________________

   f) Como ele se locomove?

   ______________________________________________

## LER PARA... SE INFORMAR

### OS ZOOLÓGICOS

Os zoológicos foram criados há muito tempo. Na maioria dos casos, pertenciam aos reis, que usavam os animais para exibir seu poder.

Atualmente, os zoológicos têm como principais objetivos a pesquisa, a preservação de espécies ameaçadas e a educação.

Nos zoológicos trabalham biólogos e veterinários, que são responsáveis por manter os animais protegidos e saudáveis.

MARY EVANS/EASYPIX BRASIL

O zoológico de Londres, aberto em 1828, foi o primeiro zoológico com propósitos científicos. Gravura mostra visitantes observando hipopótamos.

**1.** Você já foi ao zoológico? O que você viu de mais interessante?

**2.** Você aprendeu algo com a sua visita?

### #FICA A DICA

**ZOOLÓGICO DE SOROCABA**

**Sorocaba. Prefeitura. Zoo Sorocaba. Sorocaba, 2017. Disponível em: <http://ftd.li/ucrcdi>. Acesso em: 24 mar. 2018.**

Esta é a página de um dos zoológicos mais importantes do Brasil, localizado na cidade de Sorocaba, estado de São Paulo. Muitas fotos, explicações sobre os animais e atividades virtuais estão disponíveis para você se divertir e, ao mesmo tempo, aprender muito sobre os animais.

# CARACTERÍSTICAS DOS ANIMAIS

**De que formas os animais são diferentes?**

Na natureza, existem muitos animais e eles podem ser bem diferentes em características como: cor, formato do corpo, jeito de se locomover, tipo de alimentação e ambiente em que vivem.

## ATIVIDADE

- Observe as imagens e preencha o quadro comparando os animais.

ARTUR KEUNECKE/PULSAR IMAGENS

Gavião.

DEZI/SHUTTERSTOCK.COM

Cão doméstico.

| | GAVIÃO | CÃO DOMÉSTICO |
|---|---|---|
| PRESENÇA DE BICO | X | |
| PRESENÇA DE PENAS | X | |
| PRESENÇA DE PELOS | | X |
| NÚMERO DE PERNAS | 2 | 4 |
| PRESENÇA DE ASAS | X | |
| PRESENÇA DE GARRAS | X | X |

# A ALIMENTAÇÃO DOS ANIMAIS

Por que a alimentação do leão não é a mesma do boi?

Todos os animais se alimentam de outros seres vivos. No entanto, nem todos comem o mesmo tipo de alimento.

Os animais carnívoros se alimentam apenas de outros animais. É o caso, por exemplo, do leão, da onça, do tubarão e da águia.

SERGEY URYADNIKOV/SHUTTERSTOCK.COM

Os tubarões são animais carnívoros, com dentes grandes e pontiagudos.

Os animais herbívoros se alimentam somente de plantas. O cavalo, a cabra, o coelho e o boi são exemplos de animais herbívoros.

BOJANGLES/SHUTTERSTOCK.COM

O coelho é um animal herbívoro. As características de seus dentes facilitam sua alimentação.

Os animais onívoros se alimentam de plantas e de outros animais. O ser humano, o lobo-guará, o chimpanzé e o porco são exemplos de animais onívoros.

FABIO COLOMBINI

O lobo-guará é um animal onívoro. As características de seus dentes permitem que se alimente de outros animais e de vegetais.

## ATIVIDADES

**1.** Complete o quadro separando os animais herbívoros, carnívoros e onívoros.

Tubarão Tucano Ovelha Jiboia Capivara Leão Girafa
Onça-pintada Galinha Porco Urso Coelho

| ANIMAIS HERBÍVOROS | ANIMAIS CARNÍVOROS | ANIMAIS ONÍVOROS |
|---|---|---|
| ovelha | Tubarão | urso |
| girafa | jiboia | tucano |
| coelho | leão | galinha |
| capivara | Onça-pintada | porco |

**2.** Observe o bico destas aves. O que você acha que cada uma delas come? Converse com seus colegas e complete as frases.

STEVE BYLAND/SHUTTERSTOCK.COM

**a)** O beija-flor tem o bico bem longo e com ele consegue sugar o néctar das flores.

PALÊ ZUPPANI/PULSAR IMAGENS

**b)** O pica-pau tem o bico fino e forte. Ele vai dando bicadas no tronco das árvores até encontrar insetos e larvas dos quais se alimenta.

## UM PASSO A MAIS

1. Observe a imagem e responda. Pesquise, se necessário.

AS CORES NÃO CORRESPONDEM AOS TONS REAIS.

AS IMAGENS ESTÃO FORA DE ESCALA DE TAMANHO.

ESTÚDIO ORNITORRINCO

a) Identifique os animais terrestres e os aquáticos.

b) Classifique os animais de acordo com sua alimentação.

**2.** Faça uma apresentação sobre os animais de estimação mais comuns no local onde você mora.

**a)** Para esta atividade, você vai entrevistar três pessoas que conhece e que morem no mesmo bairro ou cidade que você. Para cada pessoa escolhida, você deve perguntar:

- Qual animal de estimação você possui?
- Qual é o nome do animal?
- Quais são as características do corpo dele?
- De que ele se alimenta?
- Como ele se locomove?
- O que ele mais gosta de fazer?
- Quais são os cuidados necessários para que o animal fique saudável?

VIKTORIA KAZAKOVA/SHUTTERSTOCK.COM

**b)** Anote o que o entrevistado contar sobre o animal de estimação dele e, se for possível, tire uma foto do animal e de seu dono.

**c)** Organize as entrevistas, passando a limpo no caderno as informações que você coletou.

- Cole as fotos obtidas. Caso não tenha sido possível tirar as fotos, faça uma ilustração mostrando esses animais.
- Compartilhe as informações com seus colegas de sala.

**d)** Com ajuda do seu professor, escrevam um texto coletivo sobre os animais de estimação mais comuns na região onde vocês moram. Indiquem as principais características desses animais e os cuidados que devem ser tomados para que eles fiquem saudáveis.

UNIDADE

# 5 VAMOS FALAR SOBRE NÓS!

1. O que mais lhe chama a atenção na imagem?

2. Você deve ter percebido que a artista Malu Delibo pintou vários objetos sobre o gramado. Com muitos deles, podemos fazer diferentes atividades artísticas. Quais são elas?

3. De quais atividades artísticas você mais gosta?

4. A pintora também representou seres vivos em sua obra. Identifique alguns deles.

ALIM YAKUBOV/SHUTTERSTOCK.COM

GALERIA JACQUES ARDIES, SÃO PAULO

**Arte na escola**, de Malu Delibo, 2014. Acrílico sobre tela. 50 cm × 60 cm. Galeria Jacques Ardies, São Paulo.

VOCÊ VAI APRENDER SOBRE:

- Diferenças entre os seres humanos
- Diversidade e as origens familiares
- Respeito à diferença e inclusão de pessoas com deficiência

# DIFERENÇAS ENTRE OS SERES HUMANOS

## O QUE VOCÊ TEM PARA CONTAR?

Certamente, você conhece muitas pessoas diferentes: além de seus parentes e amigos, existem seus vizinhos, os comerciantes de seu bairro, artistas.

- Que **aspectos** você usaria para descrever seu vizinho ou sua vizinha para um colega que não conhece essa pessoa?

**Aspectos**: maneiras como algo ou alguém pode ser visto, aparência externa das coisas e das pessoas.

O número de pessoas no mundo é muito grande, e, mesmo assim, nenhum ser humano é igual a outro. Há pessoas baixas, altas, de cabelos ruivos, castanhos, loiros, pretos, de olhos claros, escuros, entre outras características.

Embora existam pessoas que têm os olhos, a pele e os cabelos semelhantes, cada uma tem o seu jeito de ser. Até mesmo irmãos gêmeos **idênticos** têm características que os diferenciam um do outro.

Outro ponto importante é a diferença de sexo. Atualmente, existem exames de imagem que, antes mesmo de o bebê nascer, podem revelar se ele é do sexo feminino ou masculino.

**Idênticos**: iguais, semelhantes.

Menina.

Menino.

ILUSTRAÇÕES: LEO FANELLI/GIZ DE CERA

## ATIVIDADE

- Observe as imagens e responda.

**a)** Que diferenças você observou entre as meninas?

As pessoas podem ter tipos e cores de cabelo semelhantes e apresentar diferenças em muitas outras características físicas e de comportamento.

**b)** Que traços semelhantes eles têm?

As pessoas podem ter alturas diferentes, mesmo tendo alguns traços parecidos.

**c)** Você acha que o fato de um dos irmãos estar sorrindo mais que o outro indica jeitos diferentes de ser?

Mesmo sendo muito parecidos, irmãos gêmeos podem ter jeitos, atitudes e gostos diferentes.

ILUSTRAÇÕES: ESTÚDIO LAB307

# NOSSOS ANTEPASSADOS

Muitas diferenças e semelhanças entre as pessoas estão ligadas a suas **origens** familiares, isto é, aos seus antepassados. Você sabe quem são os seus antepassados?

**Família de vaqueiro**, de J. Cunha, 1980. Acrílico sobre tela. 59 cm × 60 cm. Coleção particular.

J. CUNHA. COLEÇÃO PARTICULAR.

É possível que você já tenha ouvido diferentes relatos sobre a origem de seus familiares e de alguns dos colegas. Assim, deve ter compreendido algumas das razões de sermos diferentes uns dos outros. As diferenças de altura, peso, cor de pele, de olhos e de cabelos, o formato do nariz e dos olhos são características passadas a nós pelos nossos pais. Os tipos de cabelos, como encaracolados, lisos, finos ou espessos, também são marcas ligadas à origem de cada um. Essas diferenças devem ser respeitadas. Todos têm os mesmos direitos, independentemente de sua origem e de suas características. Portanto, o tratamento entre as pessoas deve ser o mesmo, sem qualquer tipo de discriminação.

**Origens**: de onde as pessoas vieram, onde nasceram.

Diferentes seres humanos são representados por artistas em suas obras há muito tempo. As pinturas abaixo mostram isso.

ALTE PINAKOTHEK, MUNIQUE

**Meninos comendo uvas e melão**, de Bartolomé Esteban Perez Murillo, 1645-1646. Óleo sobre tela. 146 cm × 104 cm. Alte Pinakothek, München, Alemanha.

COLEÇÃO PARTICULAR. FOTO: EMMANUEL DUNAND/AFP

**A costureira**, de Fernando Botero, 2005. Óleo sobre tela. Coleção particular.

## ATIVIDADES

1. Vamos escrever um convite aos seus pais ou responsáveis para que eles venham à escola contar sobre sua história familiar?

   - Façam um levantamento das informações que devem fazer parte do convite. Depois, escrevam o convite em uma folha avulsa.

2. Observe um colega de sua classe e escreva duas características que vocês tenham em comum.

______________________________________________

______________________________________________

______________________________________________

**3.** Leia o trecho da letra da canção a seguir.

SUERZ/SHUTTERSTOCK.COM

## CABELO

[...]
Cabelo pode ser cortado
Cabelo pode ser comprido
Cabelo pode ser trançado
Cabelo pode ser tingido
Aparado ou escovado
Descolorido, descabelado
Cabelo pode ser bonito
Cruzado, seco ou molhado.

Jorge Ben Jor e Arnaldo Antunes. Cabelo. Intérprete: Gal Costa. In: Gal Costa. **Plural**. Rio de Janeiro: BMG, 1990. CD. Disponível em: <http://www.galcosta.com.br/sec_discografia_letra.php?id=171>. Acesso em: 22 fev. 2017.

**a)** Seu cabelo se parece com algum dos mencionados na canção? Com qual?

______________________________________________

______________________________________________

**b)** Os cabelos das pessoas são de vários tipos. Leia novamente a letra da canção e desenhe, como se fossem fotografias de documento, cabeças com os tipos de cabelo citados.

# OFICINA

## DESENHO DE PESSOAS

Vimos algumas pinturas que representam diferentes tipos de pessoas. Você também pode representar pessoas por meio de pinturas.

### MATERIAL

- Escolha se você prefere fazer o seu desenho em folha de papel sulfite ou cartolina.
- Utilize lápis de cor, giz de cera ou tinta guache para fazer o desenho.

PETERSON MAZZOCO

### COMO FAZER

- Desenhe e pinte pessoas com aparências diferentes, considerando a altura, a cor de pele, a de olho e a de cabelo, além do tipo físico da pessoa.
- Organize, com o professor e com os colegas, uma exposição dos trabalhos da classe.

PETERSON MAZZOCO

# UMA QUESTÃO DE DIREITO!

Na sua cidade, as pessoas com deficiência física têm facilidade de se locomover?

Os seres humanos podem apresentar deficiências físicas ou mentais. Pessoas com deficiência devem ser respeitadas e ter seus direitos garantidos.

Hoje em dia, há maior preocupação com o bem-estar de pessoas com deficiências. Em algumas cidades, existem adaptações que garantem melhor acesso a meios de transporte. Essas adaptações permitem entrar e sair de veículos, como ônibus, com mais facilidade. Outro recurso são as calçadas rebaixadas, que também proporcionam maior independência, permitindo o deslocamento sem ajuda.

Entretanto, é preciso intensificar essas melhorias em bairros da periferia dos grandes centros urbanos e em cidades menores no interior do país.

ROGÉRIO REIS/PULSAR IMAGENS

Transporte público adaptado para pessoas com deficiência física.

JEAN MICHEL LABAT/ARDEA/MARY EVANS/GLOW IMAGES

Pessoa com deficiência visual atravessa faixa de segurança orientada por seu cão-guia.

## ATIVIDADE

- Você já observou se na cidade, bairro ou rua em que você mora existe algum tipo de adaptação para pessoas com deficiência? Em caso afirmativo, conte para seus colegas e seu professor. Se você não sabe se existe, procure se informar.

## LER PARA... REFLETIR

### A IMPORTÂNCIA DA PRÁTICA DE ATIVIDADES FÍSICAS NA VIDA DAS PESSOAS

A prática de atividades físicas favorece a melhora da coordenação motora, da agilidade e da força, além de proporcionar maior oportunidade de convívio social e, principalmente, estimular a **autoestima**.

BUDA MENDES/GETTY IMAGES

Seleção brasileira de basquetebol paralímpico, em jogo no Rio de Janeiro, em 2016.

Para que pessoas com deficiência possam praticar diferentes modalidades esportivas, foram feitas adaptações e regras especiais.

**Autoestima**: qualidade de gostar de si mesmo, respeitar-se.

São várias as modalidades que foram adaptadas e que são praticadas no Brasil e no mundo. Em nosso país, as mais populares são: atletismo, natação, basquetebol em cadeira de rodas, voleibol sentado, futebol de cinco, futebol de sete, tênis em cadeira de rodas, tênis de mesa e bocha.

- Para você, qual é a principal mensagem do texto? Explique.

## UM PASSO A MAIS

**1.** Observe a imagem e responda.

**a)** Todos os seres humanos da ilustração são iguais? Explique sua resposta.

**b)** Que atividades as pessoas estão realizando? Você gosta de alguma delas?

**2.** Há empresas que têm entre os seus funcionários pessoas com deficiência. O que você pensa a respeito de empresas que têm essa atitude? Explique sua resposta.

**3.** Vamos pesquisar sobre brinquedos e brincadeiras indígenas e comparar se há semelhanças com suas brincadeiras e seus brinquedos? Seu professor vai orientar você sobre como fazer a pesquisa.

4. Vamos finalizar esta unidade escrevendo um *e-mail* de agradecimento às pessoas que vieram conversar conosco sobre seus antepassados. Vocês podem começar anotando o que querem dizer.

______________________________________________________________

______________________________________________________________

______________________________________________________________

______________________________________________________________

- Deixe o texto do *e-mail* registrado no espaço abaixo. Assim, você poderá se recordar da atividade quando desejar.

______________________________________________________________

______________________________________________________________

______________________________________________________________

______________________________________________________________

______________________________________________________________

______________________________________________________________

______________________________________________________________

______________________________________________________________

______________________________________________________________

______________________________________________________________

UNIDADE

# 6

# O CORPO HUMANO

1. Que partes do corpo você conhece?
2. Nas aulas de Educação Física, você movimenta muitas partes do corpo, de forma coordenada, conforme a atividade que você está fazendo. Como isso é possível?
3. Observe a imagem. Quais sentidos estão sendo usados pelas crianças na atividade?

RAITAN OHI

**VOCÊ VAI APRENDER SOBRE:**

- Corpo humano: partes integradas
- Partes do corpo e suas funções
- Ossos e músculos
- Órgãos dos sentidos
- Identificação de materiais por meio do tato e da visão

# CORPO HUMANO: PARTES INTEGRADAS

## O QUE VOCÊ TEM PARA CONTAR?

Para que nosso corpo funcione, todas as suas partes devem trabalhar em conjunto. Você já pensou que, mesmo quando dormimos, algumas partes do nosso corpo continuam trabalhando, independentemente de nossa vontade?

- Na sua opinião, quais partes do nosso corpo continuam funcionando enquanto dormimos?

## PARTES DO NOSSO CORPO

O corpo humano é formado por muitas partes que dependem umas das outras para que ele funcione bem.

Quando nos olhamos no espelho, conseguimos ver partes externas do nosso corpo, como os braços, as pernas, o tronco, a cabeça, os olhos, a boca, o nariz e as orelhas.

Se pudéssemos ver dentro do nosso corpo, perceberíamos a existência de vários órgãos que trabalham em conjunto para nos manter vivos e saudáveis.

## ATIVIDADE

- As imagens a seguir mostram pessoas realizando atividades nas quais diferentes partes do corpo são utilizadas. Observe as imagens e leia as legendas.
  Descreva as cenas retratadas e responda: Quais partes do corpo são mais usadas em cada uma?

IGOR BULGARIN/SHUTTERSTOCK.COM

A

Cena do ballet **Don Quixote**. Ucrânia, 2016.

RAWPIXEL.COM/SHUTTERSTOCK.COM

Crianças brincando no parque.

MONKEY BUSINESS IMAGES/SHUTTERSTOCK.COM

Família almoçando.

# POR DENTRO DO CORPO HUMANO

Como nosso corpo consegue ficar de pé e realizar movimentos?

O interior do nosso corpo também é formado por partes, com características e funções próprias. Essas partes se comunicam e atuam em conjunto para que o corpo funcione de forma adequada e se mantenha saudável.

Para ver o interior do corpo, é necessário utilizar aparelhos capazes de obter imagens das partes internas do organismo. Os profissionais de saúde utilizam essas imagens para fazer avaliações sobre a saúde das pessoas.

## ATIVIDADES

**1.** As imagens a seguir foram obtidas por meio de um aparelho de raios X.

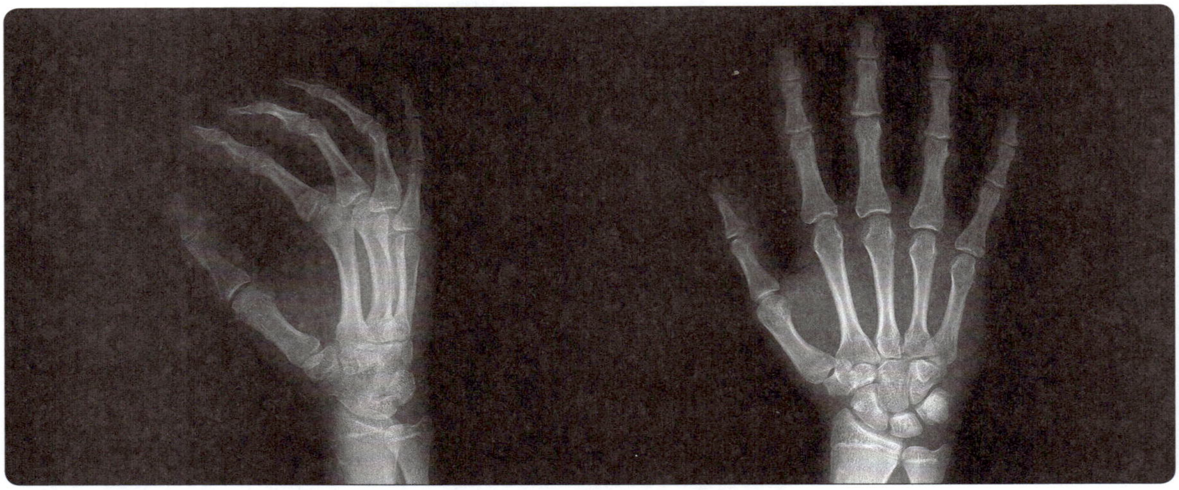

VANZITTOO/SHUTTERSTOCK.COM

**a)** A que parte do corpo você acha que as imagens se referem?

mãos

**b)** O que são as estruturas mostradas nas imagens?

ossos

**2.** Um motivo bastante comum para que os médicos solicitem um exame de raios X é para verificar se o paciente tem algum osso quebrado.

**a)** Você ou alguém que more com você já fez exame de raios X?

sim

**b)** Verifique se em sua casa há algum desses exames que você possa trazer para a escola. Procure saber por que esse exame foi feito. Na sala de aula, todos terão a oportunidade de identificar a parte do corpo e o tipo de problema a que se refere.

3. Vocês farão o contorno do corpo humano. Para isso, seu professor providenciará um pedaço de papel, do tamanho de vocês, e canetas hidrográficas coloridas de ponta grossa. Um de vocês dois deitará sobre o papel, e o outro fará o contorno do corpo.

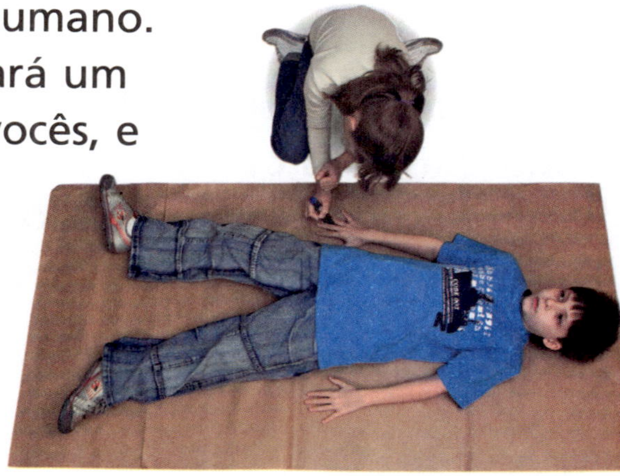

SERGIO DOTTA JR/THE NEXT

- Após essa etapa, vocês dois devem desenhar juntos os locais dentro do corpo nos quais imaginam que temos ossos. Esses ossos devem ser desenhados a lápis.

## A SUSTENTAÇÃO DO CORPO HUMANO

Chamamos o conjunto de ossos do nosso corpo de esqueleto.

Os ossos são importantes na sustentação do nosso corpo. Sem eles nosso corpo não pararia em pé.

Existem ossos com diferentes tamanhos, formatos e funções.

Veja as ilustrações a seguir. Elas representam os ossos que, em geral, formam o corpo de um ser humano adulto.

AS IMAGENS ESTÃO FORA DE ESCALA DE TAMANHO.

AS CORES NÃO CORRESPONDEM AOS TONS REAIS.

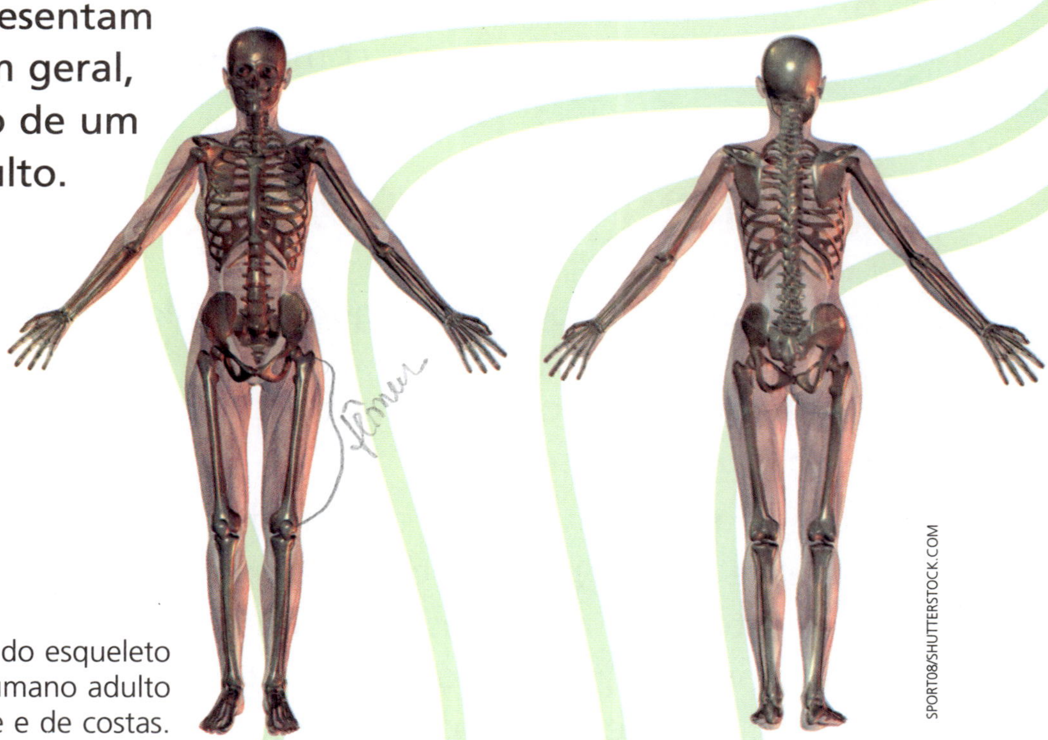

Representação do esqueleto de um ser humano adulto visto de frente e de costas.

SPORT08/SHUTTERSTOCK.COM

## ALGUMAS FUNÇÕES DOS OSSOS

Uma das funções dos ossos é manter nosso corpo em pé. Mas há ossos que têm outra função: a de proteger alguns dos nossos órgãos. É o caso do crânio, que é muito duro e protege o encéfalo, e das costelas, que protegem o coração e os pulmões.

### ATIVIDADES

**1.** Observe novamente a imagem do esqueleto na página anterior e responda.

**a)** Você percebeu os diferentes formatos dos ossos do nosso corpo? Como você descreveria nosso esqueleto?

**b)** Qual é o osso mais longo do corpo? Identifique-o na imagem ou em seu corpo.

**2.** Comparem as imagens do esqueleto da página anterior com o desenho que vocês fizeram na atividade **3** da mesma página.

**a)** Façam os ajustes necessários no desenho.

**b)** Comentem com os colegas o que vocês perceberam quando realizaram essa comparação.

## MÚSCULOS DO CORPO HUMANO

Você consegue perceber algum músculo do seu corpo?

Os músculos estão presentes no corpo todo e muitos deles estão ligados aos ossos.

Ao nos movimentarmos, alguns dos músculos dos braços, das pernas e de outras partes do corpo se contraem, enquanto outros relaxam, isto é, os músculos trabalham de forma coordenada. Quando andamos, corremos, sentamos e fazemos tantas outras atividades, ossos e músculos trabalham em conjunto.

Quanto mais exercitamos os músculos, mais eles se desenvolvem. É por isso que os atletas têm, quase sempre, a musculatura muito desenvolvida.

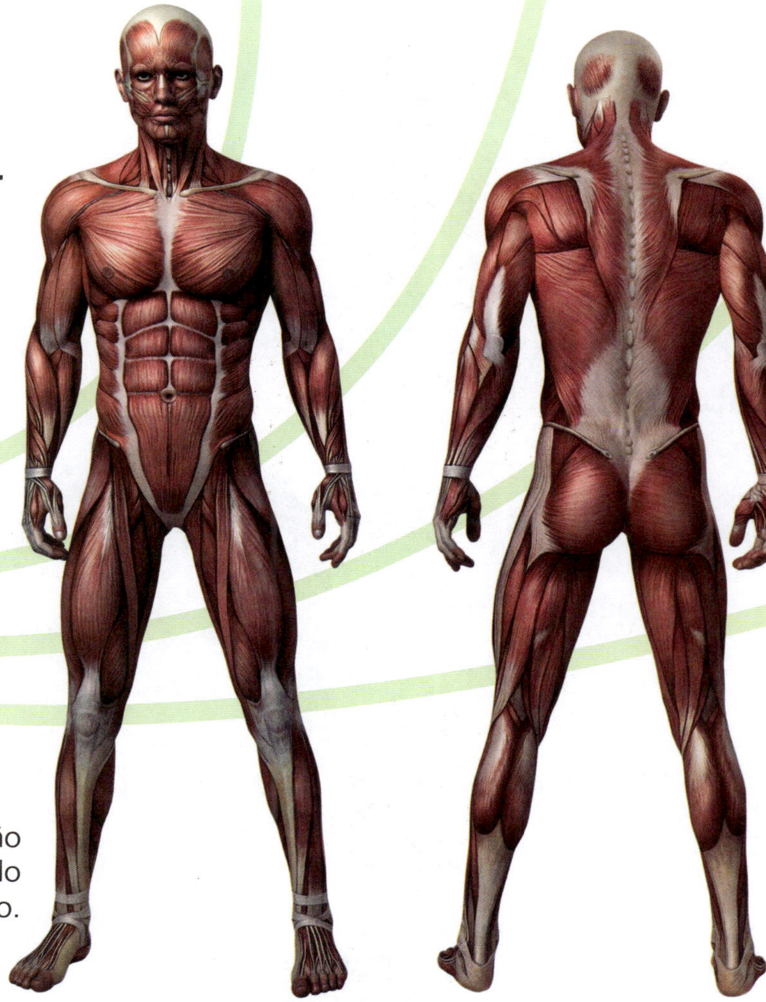

AS IMAGENS ESTÃO FORA DE ESCALA DE TAMANHO.

AS CORES NÃO CORRESPONDEM AOS TONS REAIS.

Representação dos músculos do corpo humano.

SEBASTIAN KAULITZKI/SHUTTERSTOCK.COM

Fonte: **Corpo Humano**: Fundamentos de Anatomia e Fisiologia. Tortora, G. J. e Derrickson, B. Porto Alegre: Artmed, 2012.

## ATIVIDADES

**1.** Vamos fazer caretas e dar risadas?

- Façam várias expressões faciais como: expressão de raiva, de susto, de alegria, de surpresa. Se possível, fotografem essas caretas e montem um painel.
- Respondam: O que permitiu a vocês fazerem tantas expressões diferentes? músculos

**2.** Complete a frase com as palavras corretas.

- Os músculos junto com os ossos são responsáveis pelos movimentos do corpo.

# A CABEÇA

## O que há em nossa cabeça?

Na parte externa da cabeça estão a testa, os supercílios, os olhos, o nariz, as bochechas, a boca, o queixo, as orelhas e os cabelos.

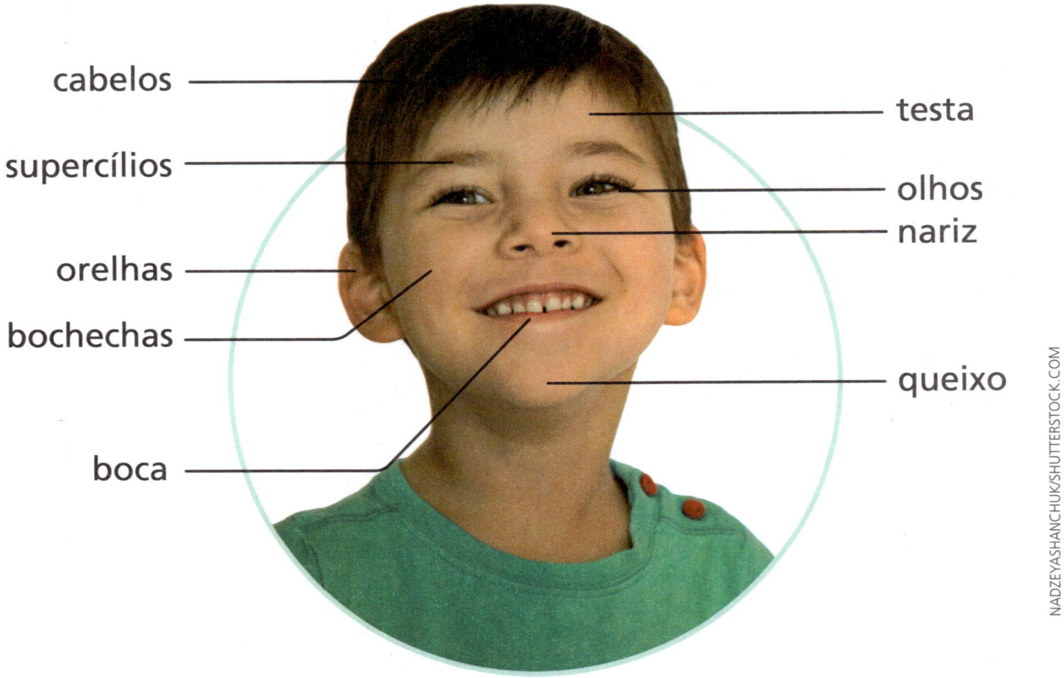


A cabeça e as partes externas que a constituem.

Dentro da cabeça está o encéfalo, protegido pelo crânio, o osso mais duro do corpo humano.

O encéfalo é responsável por coordenar as informações que chegam tanto de fora como de dentro do nosso corpo.

Por exemplo, quando nosso corpo está precisando de mais energia, o encéfalo recebe informações de dentro do nosso corpo e transforma essa informação, fazendo que tenhamos fome.

Quando queremos pular, o encéfalo também recebe sinais e coordena nossos movimentos para conseguirmos pular. Todas as ações que nosso corpo executa, sejam elas voluntárias ou não, são coordenadas pelo encéfalo.

Na linguagem do dia a dia, é comum que seja chamado de cérebro. Contudo, há outras partes muito importantes que compõem o encéfalo, além do cérebro, como o bulbo e o cerebelo.

AS IMAGENS ESTÃO FORA DE ESCALA DE TAMANHO.

AS CORES NÃO CORRESPONDEM AOS TONS REAIS.

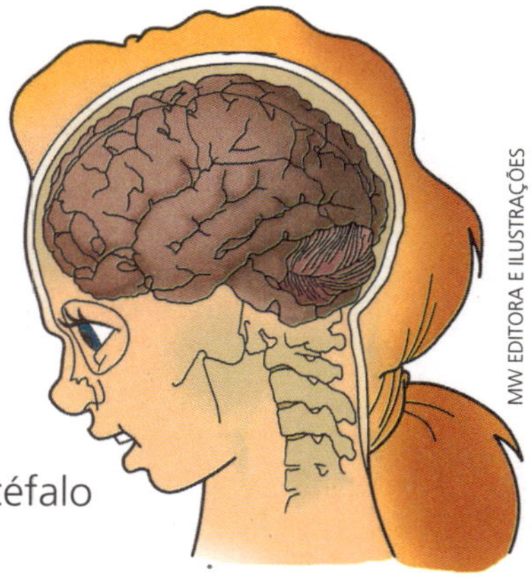

MW EDITORA E ILUSTRAÇÕES

Localização do encéfalo dentro da cabeça.

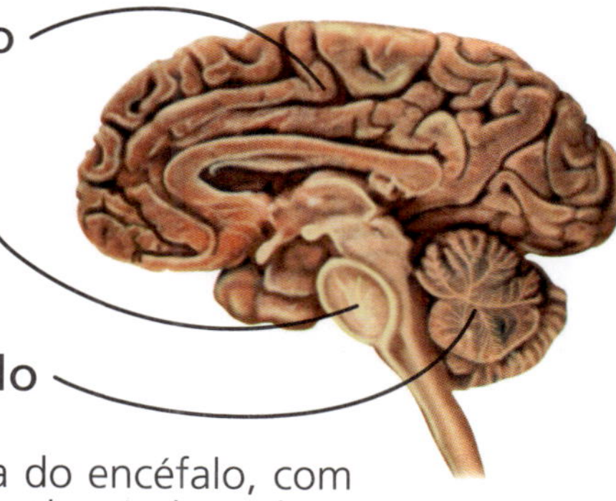


LUIS MOURA

Esquema do encéfalo, com indicação do cérebro, do bulbo e do cerebelo, à direita.

Ilustrações produzidas com base em: SOBOTTA. **Atlas de anatomia humana**. Rio de Janeiro: Guanabara Koogan, 2000. v. 1. p. 24.

## OS SENTIDOS E OS ÓRGÃOS DOS SENTIDOS

Por meio dos sentidos podemos nos relacionar com o mundo em que vivemos. Temos cinco sentidos: a visão, a audição, o paladar, o olfato e o tato. Para cada sentido existe um órgão associado.

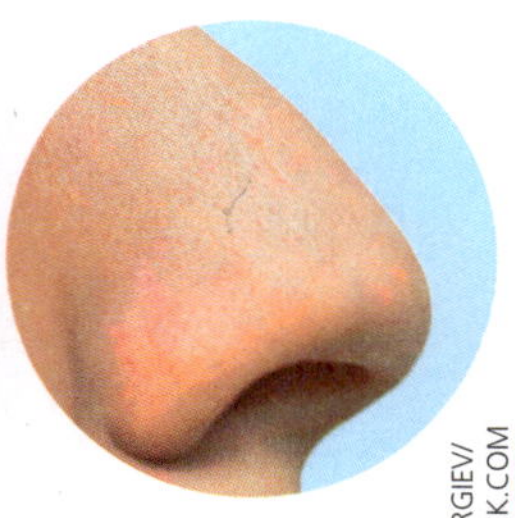

SHUTTERSTOCK.COM

Nariz.

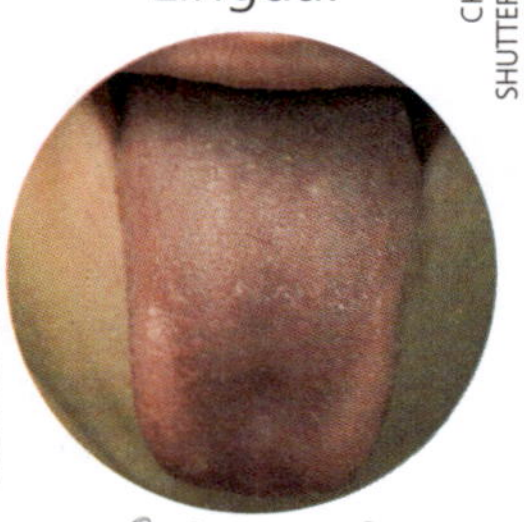

DEYAN GEORGIEV/ SHUTTERSTOCK.COM

Língua.

CHAOSS/ SHUTTERSTOCK.COM

Pele.

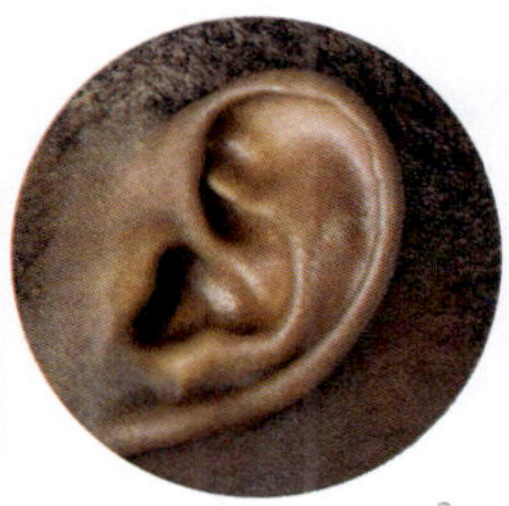

PHOTOMEDIAGROUP/ SHUTTERSTOCK.COM

Orelha.

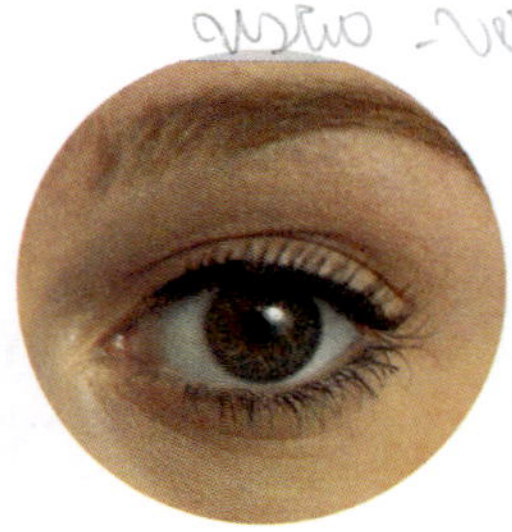

ROCKETCLIPS, INC./ SHUTTERSTOCK.COM

Olho.

### #FICA A DICA

**Almanaque dos sentidos, de Carla Caruso. São Paulo: Moderna, 2009.**

Esse livro desvenda muitos dos mistérios dos nossos órgãos dos sentidos. Explica por que a pele enruga quando ficamos muito tempo na água e que animal tem o paladar nas pernas.

EDITORA MODERNA

## ATIVIDADES

**1.** Escreva nos quadrinhos o número do sentido usado em cada uma das situações.

| | | | | | |
|---|---|---|---|---|---|
| 1 | Olfato | 2 | Visão | 3 | Paladar |
| 4 | Audição | 5 | Tato | | |

- ☐ Você ouviu um barulho?
- ☐ Estou arrepiada de frio!
- ☐ Este suco está muito azedo!
- ☐ Que céu estrelado!
- ☐ Nossa, que cheiro de gás!

**2.** Você receberá um biscoito do professor. Observe as características dele e aguarde o professor avisar quando deverá comê-lo.

**a)** Quais características do biscoito você observou?

**b)** Como você conseguiu perceber as características do biscoito?

# IDENTIFICANDO MATERIAIS POR MEIO DO TATO E DA VISÃO

Os objetos são feitos sempre com o mesmo material?

Se observarmos os objetos que existem ao nosso redor, podemos perceber que um mesmo objeto pode ser feito de diferentes materiais. Um copo, por exemplo, pode ser feito de vidro, de plástico, de cerâmica, de papel, de alumínio, entre outros.

## OFICINA

# O TATO E A PERCEPÇÃO

## MATERIAL

- Sacolas de plástico ou de papel para esconder os objetos
- Objetos com diferentes características, como: algodão, lixa, pedra, borracha, objetos de plástico, bicho de pelúcia
- Vendas para cobrir os olhos

## COMO FAZER

1. Colocar um objeto em cada sacola.
2. Organizar os alunos em dois grupos.
3. Cada aluno de um dos grupos vai segurar uma sacola com um objeto, e cada aluno do outro grupo colocará uma venda nos olhos.
4. Os grupos devem ficar alinhados um na frente do outro.
5. O colega vendado vai colocar a mão dentro de uma sacola e, pelo tato, tentar identificar o objeto.
6. O colega que segura a sacola deve fazer perguntas como: É áspero ou liso? Grande ou pequeno? Redondo? etc.
7. Após explorar o objeto, o aluno vendado deve informar qual é o objeto e de que material ele é feito.
8. O colega que segura a sacola retira o objeto de dentro dela e mostra ao colega, a fim de confirmar ou não a resposta dada.
9. As sacolas devem ser trocadas, e os grupos devem ser invertidos.

# UM PASSO A MAIS

MONKEY BUSINESS IMAGES/ SHUTTERSTOCK.COM

1. Que órgão coordena as atividades das crianças representadas na imagem? Onde ele se localiza?

cerebro
dentro da cabeça

2. É importante praticar atividade física? As pessoas com deficiência física também devem fazer exercícios?

sim
sim

3. Pesquise em revistas, jornais ou na internet imagens de pessoas fazendo diferentes movimentos e atividades físicas. Produza uma colagem com essas imagens.

4. Depois de fazer sua colagem, escreva, no caderno, um pequeno texto falando das atividades físicas que você acha mais interessantes ou que você mais gosta de fazer. No fim do texto, você deve escrever um parágrafo que explique, usando os conteúdos que você estudou nesta unidade, por que é possível realizar essas atividades com o corpo. Vamos lá?

UNIDADE

# 7

# SER HUMANO E SAÚDE

1. Brincar também é uma forma de cuidar da saúde do corpo e da mente. Você sabe por quê?
2. Para você, o que é uma alimentação saudável?
3. Muitas crianças, jovens e adultos passam grande parte do dia entretidos com jogos eletrônicos. Às vezes ficam acordados até tarde da noite. Qual é sua opinião sobre essas atitudes?

RAITAN OHI

**VOCÊ VAI APRENDER SOBRE:**

- A saúde do corpo e da mente
- A higiene dos dentes
- Cuidados com os alimentos e a água

# A SAÚDE DO CORPO E DA MENTE

## O QUE VOCÊ TEM PARA CONTAR?

Você certamente já ouviu que se deve lavar as mãos antes das refeições. Também já foi chamado para cortar as unhas, não é mesmo?

- O que você tem para contar sobre hábitos saudáveis?

Podemos cuidar da saúde e prevenir doenças com práticas de higiene e bons hábitos alimentares. É muito importante fazer refeições variadas e com alimentos em quantidades adequadas. É preciso comer frutas, verduras e legumes bem lavados todos os dias, além de beber muita água. Após as refeições é preciso escovar os dentes, pois restinhos de comida ficam presos e podem provocar **cáries**.

É necessário, também, dormir pelo menos oito horas por noite, em um quarto tranquilo, arejado e limpo. O descanso e o lazer são muito importantes para a saúde.

**Cáries**: desgastes dos dentes causados por microrganismos.

ESTÚDIO LAB307

O consumo de frutas é muito importante para uma alimentação saudável.

## CUIDADOS COM OS ALIMENTOS E A ÁGUA

A água utilizada para cozinhar os alimentos, para beber e para nossa higiene pessoal deve ser filtrada ou fervida para que as impurezas e os microrganismos que podem causar doenças sejam eliminados. Muitas doenças que afetam os seres humanos ocorrem por causa de alimentos e água impróprios para consumo.

Os microrganismos são seres vivos minúsculos e estão presentes em toda parte, em todos os ambientes. Não conseguimos vê-los a olho nu, somente com o uso de um microscópio.

FERNANDO FAVORETTO/CRIAR IMAGEM

O filtro de barro brasileiro é um dos melhores do mundo para filtrar a água que vamos beber.

## ATIVIDADE

- Observem o cartaz da campanha de saúde contra a gripe. Elaborem um cartaz divulgando hábitos de higiene para as pessoas de sua comunidade.

SECRETARIA DA SAÚDE/GOVERNO DO ESTADO DO PARANÁ

# INVESTIGANDO E EXPERIMENTANDO

## A PROVA DO SABÃO

### MATERIAL

- 2 bacias pequenas
- 6 litros de água limpa
- 1 sabonete ou uma barra de sabão
- 1 retalho de tecido claro para ser dividido em 2 partes
- Tesoura com pontas arredondadas

**ATENÇÃO!** Peça a ajuda de um adulto para usar a tesoura e cortar o pano. Não esfregue os olhos com a mão que entrou em contato com o sabonete ou o sabão.

### COMO FAZER

**1** Com a tesoura, corte o retalho de tecido ao meio.

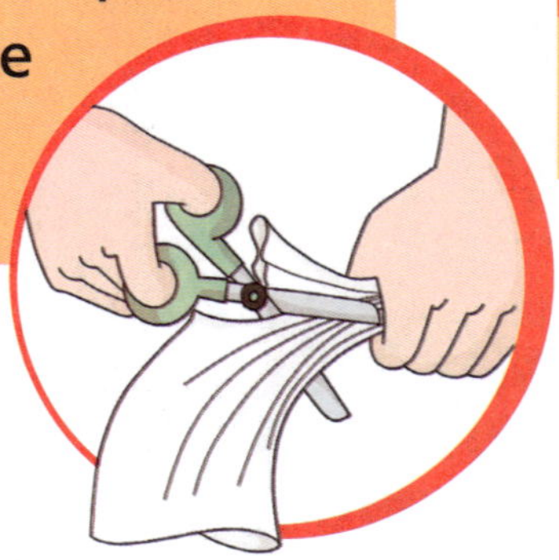

**2** Suje com poeira os dois pedaços de pano.

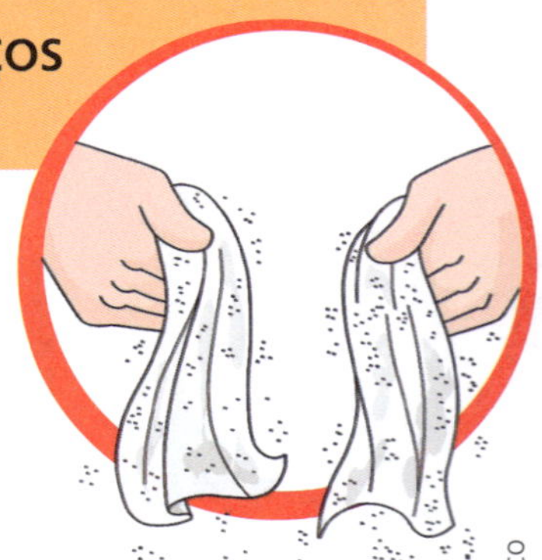

**3** Coloque três litros de água limpa em cada uma das bacias.

**4** Faça movimentos com o sabonete ou o sabão dentro de uma das bacias para que espume.

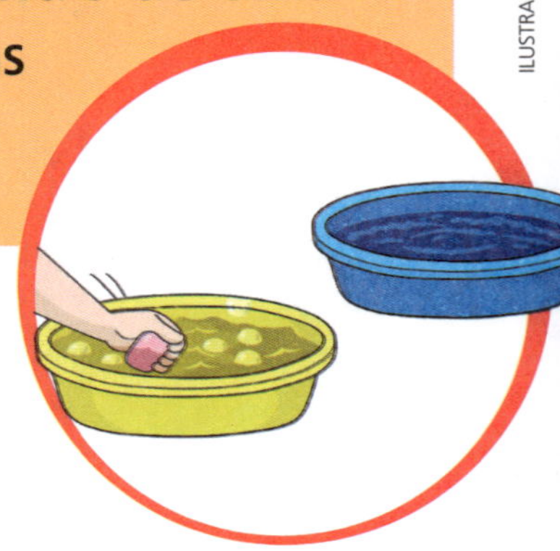

ILUSTRAÇÕES: PETERSON MAZZOCO

**5** Ponha um pedaço de tecido em cada bacia.

**6** Passe sabonete ou sabão no tecido que foi mergulhado na água com espuma.

**7** Esfregue o pedaço de pano no qual foi passado o sabonete ou o sabão.

**8** Lave as mãos para retirar o sabonete ou o sabão. Depois, esfregue um pouco o pano da bacia que estava apenas com água.

**9** Deixe os pedaços de tecido de molho por pelo menos duas horas.

ILUSTRAÇÕES PETERSON MAZZOCO

## FORMULANDO HIPÓTESES

- O que você acha que será possível perceber com a realização desse experimento?

______________________________________________

______________________________________________

______________________________________________

## RESULTADOS

- Enxágue em água limpa o tecido que ficou na bacia com sabão.
- Retire o tecido da outra bacia e compare os dois tecidos. O que você percebe?

PETERSON MAZZOCO

______________________________________________

______________________________________________

______________________________________________

## CONCLUSÕES

1. Após observar os resultados do experimento, o que você pode concluir a respeito da importância de usar sabonete na hora do banho e na hora de lavar as mãos? Registre sua conclusão.

______________________________________________

______________________________________________

______________________________________________

2. Reveja suas anotações e, com a ajuda do professor e dos colegas, produza um texto coletivo, no caderno, que será o relatório do experimento.

# A SAÚDE DA MENTE

A mente também precisa de cuidados. Se levarmos uma vida com muitas preocupações e compromissos e dedicarmos pouco tempo ao lazer e ao descanso, acabaremos adoecendo. Cuidar da saúde da mente é tão importante quanto cuidar da saúde do corpo.

Veja alguns hábitos que ajudam a manter a saúde mental.

Relacionar-se com amigos conversando, brincando ou passeando é prazeroso e colabora para o nosso bem-estar.

ILUSTRAÇÕES: ESTÚDIO LAB307

Conviver com a família também é muito importante.

Ler, ouvir música, admirar uma paisagem ou praticar algum esporte são formas simples de distração que trazem bem-estar.

Brincar ao ar livre, brincar com jogos interessantes, sejam eles eletrônicos ou não, e encontrar os amigos também são formas de diversão. Mas é preciso ficar atento com o tempo dedicado às brincadeiras eletrônicas, pois brincar durante muitas horas com esses jogos pode ser prejudicial para o corpo e para a mente.

## ATIVIDADE

- Veja como brincar de barra-manteiga com seus colegas.

MW EDITORA E ILUSTRAÇÕES

Vocês podem brincar no pátio da escola. Para isso, devem ser desenhadas duas linhas paralelas no chão, separadas por cerca de 8 metros.

São formados dois grupos, A e B. Cada um deles deve ficar atrás de uma linha, um de frente para o outro. Os integrantes de cada equipe ficam um ao lado do outro, com um braço estendido e a palma da mão virada para cima.

O espaço entre as linhas será usado para os participantes correrem.

A brincadeira começa quando um integrante da equipe A vai até a equipe B e bate com a sua mão na mão de um dos participantes adversários, dizendo "barra-manteiga". A criança que bate sai correndo em direção à sua equipe e é perseguida pelo participante adversário. Caso seja pega, ela passa a jogar na outra equipe.

Vence o time que pegar todos os adversários.

## AVANÇOS DA CIÊNCIA

### UMA HISTÓRIA DAS ESCOVAS DE DENTES

Os cuidados com a higiene pessoal, principalmente da boca e dos dentes, são bem antigos e fazem parte de diversas culturas. Foi encontrada em uma tumba egípcia, datada de 5 mil anos, uma versão da escova de dentes. Na verdade, o objeto consistia em um ramo de planta que tinha uma das pontas desfiada para que as fibras funcionassem como **cerdas**. Muitos outros materiais também foram usados: desde galhos de árvores com pontas desfiadas até pelos de cavalos.

Hoje em dia, as cerdas das escovas são feitas de um material chamado náilon, e seu cabo é de plástico ou de materiais parecidos com o plástico. Elas também podem ser emborrachadas. Atualmente, existem escovas elétricas de vários tipos, que limpam os dentes e a gengiva. É preciso somente segurá-la perto dos dentes para a limpeza ser feita.

As cerdas dessas escovas de dentes eram feitas com pelos de cavalos.

SCIENCE MUSEUM LONDON/DIOMEDIA

Escova de dentes elétrica, com cerdas de náilon.

GRESEI/SHUTTERSTOCK.COM

**Cerdas**: pelos ou fios presentes nas escovas, inclusive nas escovas de dentes.

## #FICA A DICA

**MINISTÉRIO DA EDUCAÇÃO. TV Escola. Rufus está fedendo.** Brasília, 2017. Disponível em: <http://ftd.li/86tke8>. Acesso em: 29 mar. 2018.

HTTP://TVESCOLA.MEC.GOV.BR/TVE/VIDEOTECA/SERIE/PUNKY

No canal da TV Escola, na internet, através de um simples cadastro, é possível ter acesso ao episódio **Rufus está fedendo**, da série Punky. A série de animação mostra o divertido dia a dia de Punky, uma menina de sete anos com síndrome de Down que vive com sua mãe, seu irmão e sua avó. Nesse episódio, Punky aprende a diferença entre o banho de um cão e o de uma pessoa. Para assistir, basta se cadastrar no *site*.

# UM PASSO A MAIS

ESTÚDIO LAB307

1. O que a mãe das crianças está fazendo? Por que isso pode ajudar na saúde e no bem-estar dela? Explique.

2. Observe os demais personagens e discuta com os colegas: em sua opinião, quais atividades são saudáveis? Explique sua resposta.

3. Para você, o que é mais importante: encontrar os amigos, brincar ao ar livre, passear ou brincar com jogos eletrônicos? Por quê?

4. Na hora de dormir, Heloísa, de 6 anos, acaba fazendo seu pai repetir várias vezes que é hora de ir para a cama. Helô resiste bastante, seu pai muitas vezes se irrita, e Helô acaba chorando. O que você diria para ela sobre a importância de dormir no horário em que seu pai a chama.

5. Converse com os colegas e o professor sobre maneiras de se divertir sem precisar gastar dinheiro.

- Escreva o nome de duas atividades e faça desenhos que representem cada uma delas.

UNIDADE

# 8 A PASSAGEM DO TEMPO

1. Você já viu um relógio de sol? Sabe como ele funciona?
2. Como normalmente se mede a passagem do tempo em um dia?
3. Você já observou que sua sombra muda de tamanho ao longo do dia?

GENTIL BARREIRA/ IMAGEM BRASIL

VOCÊ VAI APRENDER SOBRE:

- Períodos do dia: manhã, tarde e noite
- Horas e atividades ao longo do dia
- Movimento aparente do Sol e sombras
- Tipos de relógio

Relógio de sol em Natal, no Rio Grande do Norte, em 2016.

# PERÍODOS DO DIA

## O QUE VOCÊ TEM PARA CONTAR?

Qual é o dia do seu aniversário? Quanto tempo você ficou de férias? A que horas você vai à escola? Todas essas perguntas tão comuns na nossa vida estão relacionadas à medida do tempo. Existem muitas formas de marcar o tempo. Os relógios e os calendários são algumas delas.

- O que você sabe sobre a marcação do tempo? Conte para os colegas.

## MANHÃ, TARDE E NOITE

No nosso dia a dia, executamos muitas atividades: vamos à escola, ajudamos nas tarefas de casa, fazemos nossas refeições, cuidamos da nossa higiene pessoal, brincamos, fazemos lição de casa. Algumas crianças ainda fazem cursos e praticam atividades esportivas no horário em que não estão na escola.

Para organizarmos nossa rotina diária, costumamos dividir o dia em três períodos: manhã, tarde e noite.

CESAR DINIZ/PULSAR IMAGENS

Crianças da comunidade quilombola Sobara brincam de bola durante festa em homenagem ao Dia da Consciência Negra, em Araruama, no Rio de Janeiro, 2015.

ATIVIDADE

- **Observe** as imagens e converse com os colegas sobre quais atividades vocês realizam de manhã, à tarde e à noite.

ILUSTRAÇÕES: LEO FANELLI/GIZ DE CERA

# MEDINDO O TEMPO

## Os relógios sempre existiram?

Você já percebeu que as sombras das pessoas, dos prédios, dos postes e das casas mudam de tamanho ao longo do dia?

Já observou, também, que o Sol parece se deslocar pelo céu, mudando de posição desde o amanhecer até o entardecer?

Esse movimento é chamado de movimento aparente do Sol, pois na verdade é a Terra que está se movimentando. Você pode perceber esse movimento aparente na imagem ao lado.

Observando o movimento aparente do Sol, os seres humanos foram percebendo mudanças na posição e no tamanho das sombras.

Representação do movimento aparente do Sol no céu.

AS CORES NÃO CORRESPONDEM AOS TONS REAIS.

AS IMAGENS ESTÃO FORA DE ESCALA DE TAMANHO.

ILUSTRAÇÕES ESTÚDIO ORNITORRINCO

Representação da sombra de uma árvore de manhã, ao meio-dia e à tarde. As sombras se modificam ao longo do dia.

Estudando as mudanças na posição e no tamanho das sombras, os seres humanos passaram a medir as horas.

Com uma vareta fixada no chão na posição vertical e marcando as sombras da vareta ao longo do dia, começaram a identificar quanto tempo de luz restava. Assim foram surgindo os primeiros relógios de sol.

UNIVERSITY OF BASEL KINGS' VALLEY PROJECT

Pedaço de um dos mais antigos relógios de sol. Está faltando a vareta. Ele foi encontrado no Egito, em 2013.

Atualmente, muitos relógios de sol são importantes atrações turísticas, como o relógio mostrado na abertura desta unidade.

Ao longo do tempo, os seres humanos inventaram novas maneiras de medir a passagem do tempo, criando diferentes tipos de relógio, como o relógio de areia ou ampulheta. Atualmente os relógios mais utilizados são os digitais.

LOTUS_STUDIO/SHUTTERSTOCK.COM

A ampulheta é um tipo de relógio em que a areia demora sempre o mesmo tempo para atravessar da parte de cima à parte de baixo.

## #FICA A DICA

**O tempo, de Ivo Minkovicius. São Paulo: Editora de Cultura, 2013.**

O livro apresenta questões referentes ao tempo e às relações entre passado, presente e futuro. As ilustrações, de traços fortes, são divertidas e com certeza vão ajudar na compreensão da passagem do tempo em várias situações.

EDITORA DE CULTURA

## INVESTIGANDO E EXPERIMENTANDO

### SOMBRAS

Vamos verificar como as sombras mudam de posição e de tamanho ao longo do dia.

#### MATERIAL

- Giz
- Máquina fotográfica (opcional)

#### COMO FAZER

**1** Em um dia ensolarado, no período da manhã, um aluno deve ficar no pátio da escola de modo que sua sombra esteja a sua frente.

**2** Um colega deve contornar sua sombra com o giz ou fotografar a situação.

LEO FANELLI/GIZ DE CERA

**3** Próximo do meio-dia, o aluno deve voltar à mesma posição, e o procedimento 2 deve ser repetido.

Os alunos que estudam no período da tarde também farão a observação no início e no final do período da tarde, no mesmo local.

## FORMULANDO HIPÓTESES

- O que você acha que vai acontecer com a sombra nos diferentes horários?

______________________________________________

______________________________________________

## RESULTADOS

- O que aconteceu com a sombra: ela aumentou ou diminuiu de tamanho?

______________________________________________

______________________________________________

- O formato da sombra mudou?

______________________________________________

______________________________________________

- O que aconteceu com a posição da sombra nos diferentes horários?

______________________________________________

- Com base no que você estudou e observou, por que isso acontece?

______________________________________________

______________________________________________

- Depois de discutir os resultados do experimento com os colegas de classe e com a professora, elabore, em seu caderno, um relatório descrevendo o experimento e suas conclusões.

## ATIVIDADES

**1.** Observe as sombras dos objetos e a posição do Sol em cada imagem. Circule a situação em que a sombra está correta. Explique sua escolha.

ILUSTRAÇÕES ESTÚDIO ORNITORRINCO

**2.** Observe a seguir algumas atividades que Amanda realiza durante o dia e, depois, responda.

ILUSTRA CARTOON

**a)** A que horas Amanda acorda?

______________________________________________

**b)** A que horas ela vai dormir?

______________________________________________

**c)** A que horas ela faz seu dever de casa?

______________________________________________

**d)** Quantas horas Amanda dorme?

______________________________________________

# JUNTANDO OS DIAS

Você sabe quantos dias tem uma semana?

Já pensou se alguém perguntasse sua idade e você tivesse que responder em horas? Muitas vezes expressar o tempo em horas é um pouco complicado, principalmente quando se trata de longos períodos.

Por isso, podemos medir a passagem do tempo utilizando períodos mais longos, como as semanas, os meses, os anos.

A semana tem sete dias: domingo, segunda-feira, terça-feira, quarta-feira, quinta-feira, sexta-feira e sábado.

## ATIVIDADES

**1.** Em uma folha avulsa, construa um quadro com os dias da semana e os períodos do dia.

**2.** Complete o quadro com as atividades que você faz em cada dia da semana e período (manhã, tarde e noite).

## UM PASSO A MAIS

**1.** Observe atentamente a obra **Relógio,** do artista Marc Chagall.

**Relógio**, de Marc Chagall, 1914. Óleo sobre tela. 37 cm × 49 cm. Galeria Tretyakov, Moscou, Rússia.

**a)** O que você identifica na obra?

**b)** Por que será que o relógio é tão grande em relação à pessoa sentada à janela?

2. Se aumentarmos o comprimento de um objeto que está exposto ao sol, mantendo-o na mesma posição, o que acontecerá com sua sombra?

3. Faça uma história em quadrinhos sobre o período do dia de que você mais gosta.

UNIDADE

# 9 DO QUE SÃO FEITOS OS OBJETOS

1. Que diferenças você percebe entre as imagens?
2. De quais materiais você imagina que eram feitas as roupas, os calçados e as bicicletas de antigamente? São os mesmos utilizados hoje?

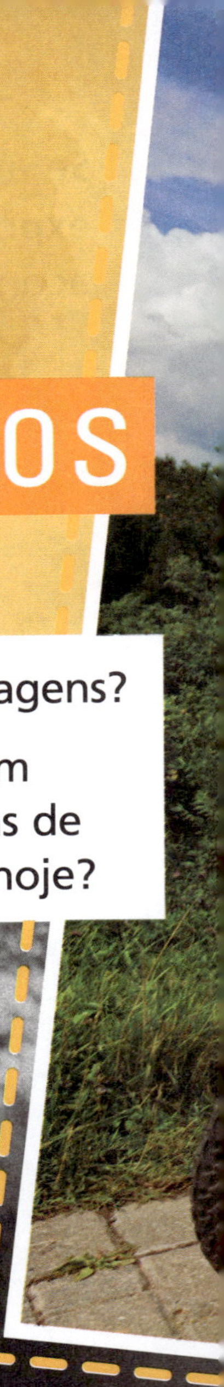

BETTMANN /GETTY IMAGES

SERGEY NOVIKOV/SHUTTERSTOCK.COM

VOCÊ VAI APRENDER SOBRE:

- As mudanças dos objetos com o tempo
- As utilidades dos objetos
- Os materiais dos objetos
- Acidentes domésticos

# OS OBJETOS E SUAS UTILIDADES

## O QUE VOCÊ TEM PARA CONTAR?

Muitos dos objetos que você utiliza hoje não existiam no tempo em que seus avós eram crianças ou, se existiam, eram muito diferentes e feitos com outros materiais.

- Você já viu algum desses objetos mais antigos? Conte o que você sabe sobre isso.

Existem muitos objetos ao nosso redor, cada um com suas finalidades. Por exemplo, você utiliza a cadeira para se sentar, o lápis e o caderno para escrever, a mochila para guardar o material escolar e o prato para fazer suas refeições.

## ATIVIDADES

1. Observe a mesa do almoço da casa de Pedro. Escreva o nome de todos os objetos que estão sobre ela. Indique também os materiais dos quais acha que eles são feitos.

MW EDITORA E ILUSTRAÇÕES

**2.** Faça o desenho de um objeto que você usa na escola e escreva o nome dele, para que ele é utilizado e os materiais dos quais ele é feito.

**3.** Pesquise uma imagem de como era antigamente o objeto que você desenhou na atividade **2**. Cole a imagem no espaço abaixo. Identifique os materiais dos quais o objeto era feito. São iguais ou diferentes do objeto atual?

COLE AQUI

# AVANÇOS DA CIÊNCIA

## PARATLETAS APOSTAM NA TECNOLOGIA PARA SUPERAR SEUS LIMITES

Se, nos esportes olímpicos, a tecnologia já tem um papel fundamental no alto rendimento dos atletas, nos esportes adaptados (ou paralímpicos), este tipo de recurso tem ainda mais importância. Aliada à superação e ao mérito dos paratletas, a tecnologia visa, além de **aprimorar** o desempenho, a deixar o usuário cada vez mais confortável e mais bem adaptado para render o máximo nas competições e voltar a realizar as tarefas do dia a dia normalmente. As **próteses**, por exemplo, utilizadas em uma série dessas modalidades, ajudam a atingir esses objetivos.

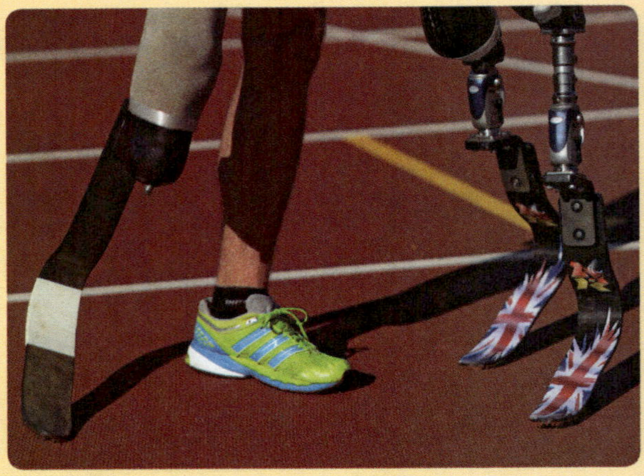

JULIAN STRATENSCHULTE/PICTURE-ALLIANCE/DPA/AP IMAGES/GLOW IMAGES

Próteses nas pernas de atletas alemães em seção de treino para os Jogos Paralímpicos de Londres, em 2012.

[...]

Igor Ferraz. Paratletas apostam na tecnologia para superar seus limites. **Estadão**. São Paulo, 28 abr. 2016. Esportes. Disponível em: <http://esportes.estadao.com.br/noticias/jogos-olimpicos,paratletas-apostam-na-tecnologia-para-superar-seus-limites,10000027569>. Acesso em: 22 mar. 2017.

**Aprimorar**: tornar-se melhor.
**Próteses**: aparelhos usados para suprir a falta de um órgão ou função do corpo.

**1.** De acordo com o texto, como as tecnologias mencionadas auxiliam no desempenho dos paratletas?

**2.** Vocês usam algum tipo de prótese ou tecnologia que auxilia em suas atividades do dia a dia? Conhecem alguém que utiliza? Conversem sobre como as próteses podem afetar a vida das pessoas com deficiência, sendo elas atletas ou não.

# OS OBJETOS E SEUS MATERIAIS

Qual é a principal característica dos materiais que podem ser utilizados na fabricação de um aquário?

Os objetos são fabricados a partir de diferentes materiais. Há objetos feitos de madeira, vidro, metal, louça, plástico, papel, entre muitos outros.

A escolha do material para a produção dos objetos deve levar em conta o uso que fazemos deles. Por exemplo: papel não seria um bom material para fazer guarda-chuvas. Metal não seria o melhor material para fazer uma xícara. Por quê?

LEO FANELLI/GIZ DE CERA

Um guarda-chuva de papel não protegeria da chuva.

Muitos objetos do nosso dia a dia são fabricados com materiais retirados da natureza. Das árvores, por exemplo, é possível obter a madeira. Com ela se produzem móveis, casas, obras de arte e, até mesmo, o lápis que utilizamos para escrever. O vidro, os metais e a borracha também são fabricados com materiais retirados da natureza.

MW EDITORA E ILUSTRAÇÕES

Uma xícara feita de metal esquentaria demais, podendo queimar quem tentasse usá-la.

## VIDRO

O vidro é feito de areia e outros componentes retirados da natureza. Ele é um material transparente, isto é, que permite a passagem da luz.

É ótimo para fazer janelas e portas em locais que precisam de luz. O vidro é um material que pode quebrar e causar acidentes graves.

SFIO CRACHO/SHUTTERSTOCK.COM

Quando usamos a iluminação natural do dia, economizamos energia elétrica, pois não precisamos acender as luzes.

FLIPSER/SHUTTERSTOCK.COM

O vidro é um material que não permite a passagem da água. Por isso, muitos copos e recipientes são feitos de vidro.

AS IMAGENS ESTÃO FORA DE ESCALA DE TAMANHO.

## METAIS

Os metais são obtidos do solo e das rochas. Existem muitos tipos diferentes de metais. Eles podem ser usados na fabricação de fios, máquinas, como parte da estrutura de prédios e também para fabricar utensílios domésticos. Alguns metais podem ficar expostos à água sem sofrer muito desgaste, outros enferrujam com facilidade.

PAULO FRIDMAN/PULSAR IMAGENS

Ponte Hercílio Luz, em Florianópolis, Santa Catarina, em 2015. Feita com aço e concreto.

AS IMAGENS ESTÃO FORA DE ESCALA DE TAMANHO.

YUANGENG ZHANG/SHUTTERSTOCK.COM

Parafusos enferrujados.

## MADEIRA

A madeira é retirada da natureza e transportada em caminhões para as fábricas, nas quais passa por diversos processos para que os objetos que utilizamos sejam produzidos.

AS IMAGENS ESTÃO FORA DE ESCALA DE TAMANHO.

DELFIM MARTINS/PULSAR IMAGENS

O uso da madeira das árvores é uma das principais causas do desmatamento de áreas de florestas.

PHOTO OBJECTS/ KEYDISC

PHOTO OBJECTS/ KEYDISC

É importante tentar utilizar objetos feitos de madeira certificada, que é retirada de forma a diminuir os impactos para o ambiente e a sociedade.

## BORRACHA

Existe uma árvore, a seringueira, da qual se retira um líquido chamado látex. Com ele fabrica-se a borracha. A borracha é um material flexível que pode ser utilizado, por exemplo, na fabricação de pneus, solas de sapatos e brinquedos.

GABRIELA ROMEU/FOLHAPRESS

Látex sendo retirado de uma seringueira.

AS IMAGENS ESTÃO FORA DE ESCALA DE TAMANHO.

SANDRA R. BARBA/ SHUTTERSTOCK.COM

A borracha é um material muito utilizado para fazer brinquedos.

## ATIVIDADES

**1.** Marcos tem 7 anos de idade, e este é seu quarto.

ANNA BABURKINA/SHUTTERSTOCK.COM

- Escreva no quadro o nome de três objetos que estão nesse quarto.
- Indique um material com que cada objeto possa ser fabricado e suas características. Veja o exemplo:

| OBJETO | MATERIAL | CARACTERÍSTICA |
|---|---|---|
| Janela | Vidro | Transparente e à prova de água. |
| carro | metal | roxo |
| vaso | pano | vermelho |
| cama | madeira | marrom |

**2.** Leia o poema e depois faça o que se pede.

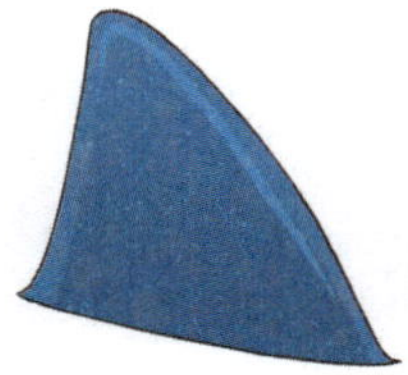

## FRANKENSTEIN BRASILEIRO

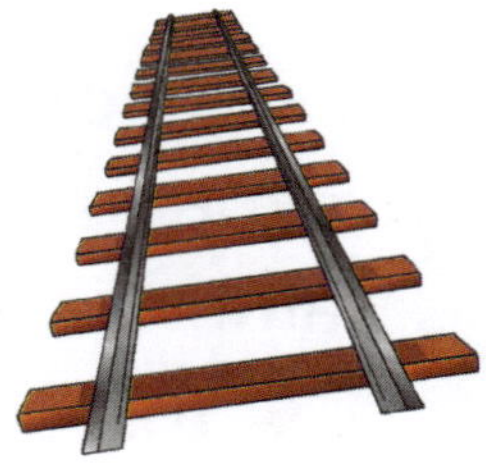

Tem cabo de aço e roldana,
Uma grande barbatana,
Arame e trilho de trem?
Esse **Franquis** tem!

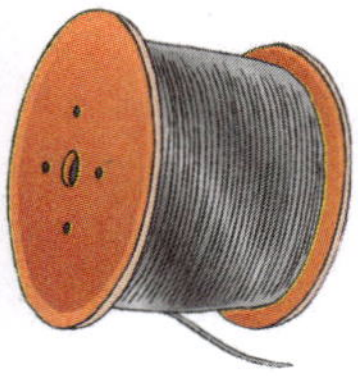

Tem guidom de patinete,
Braço de garrafa PET,
Olho de vidro de alguém?
Esse **Franquis** tem!

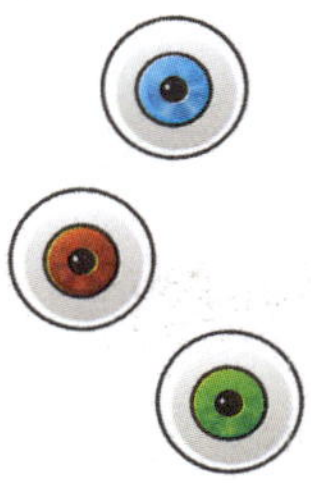
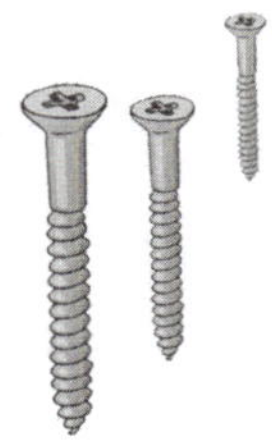
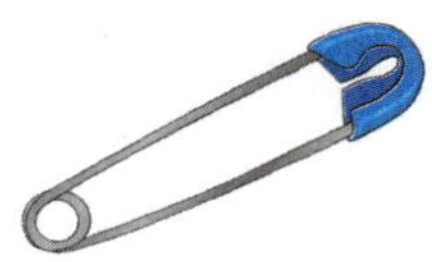

Tem os pés muito pequenos?
Tem um parafuso a menos?
Tem jeito de joão-ninguém?
Esse **Franquis** tem!

LETTERA STUDIO

Tem latinhas de alumínio,
Camisa com patrocínio,
E alfinetes de neném?
Esse **Franquis** tem!

Tem um motor de lambreta?
Tem rebimboca? Tem parafuseta?
Tem parte com coisas do além?
Esse **Franquis** tem!

Jonas Worcman de Matos e José Santos.
**A casa do Franquis tem**. São Paulo: FTD, 2008. p. 11.

**a)** Diga o nome de dois materiais que aparecem no poema com os quais o Frankenstein brasileiro é construído.

**b)** Em uma folha de papel avulsa, faça um desenho que represente como você imagina o Franquis do poema.

**c)** Escolha um objeto e escreva no caderno um pequeno poema, considerando os materiais com os quais ele é feito.

# INVESTIGANDO E EXPERIMENTANDO

## PERCEBENDO O AQUECIMENTO DOS MATERIAIS

Cada material se aquece e resfria de formas diferentes. Nesse experimento vamos verificar as diferenças no aquecimento de uma amostra de solo e de uma amostra de água quando expostas ao sol.

### MATERIAL

- 2 potes de plástico brancos de mesmo tamanho
- Água para preencher um pouco mais que a metade de um dos potes
- Terra seca para preencher
- Um termômetro de cozinha – variação de 10 a 60 graus
- Luvas descartáveis

ESTÚDIO ORNITORRINCO

### COMO FAZER

1. Escolha um dia ensolarado para realizar o experimento, em um local aberto, que pode ser o pátio da escola.
2. Usando luvas coloque a terra seca em um dos potes e a água no outro.
3. Com a ajuda do professor, meça a temperatura da água e da terra e anote o resultado.
4. Exponha os dois potes ao sol, lado a lado, mas sem que eles se encostem.
5. Deixe os potes expostos ao sol por 3 horas e, com a ajuda do professor, realize uma nova medida da temperatura da terra e da água. Anote o resultado novamente.

## FORMULANDO HIPÓTESES

- O que você imagina que irá acontecer com a temperatura da água e a da terra depois de serem expostas ao sol?

## RESULTADOS

- A temperatura final da água e da terra foi igual?

## CONCLUSÕES

- O que você pode afirmar sobre os resultados do experimento?
- Com o professor e os colegas, elaborem um texto coletivo no quadro de giz, que será o relatório do experimento.
- Copie-o em seu caderno.

# EVITANDO ACIDENTES

Existem materiais que podem causar mais acidentes do que outros?

Jovens ou crianças, adultos ou idosos, todos correm o risco de sofrer algum tipo de acidente no dia a dia.

Uma das formas de prevenir acidentes em casa é utilizando os materiais da forma correta.

## QUEIMADURA

Os materiais metálicos são bons condutores de calor, ou seja, o calor passa através desse material rapidamente e causa o aumento imediato de sua temperatura. Os metais aquecidos são bastante perigosos e podem causar queimaduras graves.

Fique longe do ferro de passar roupas, das panelas e do fogão e redobre o cuidado quando o forno estiver ligado.

YEGOEVDO22/SHUTTERSTOCK.COM

É importante reconhecer a sinalização de alerta usada internacionalmente para indicar superfícies quentes.

## CORTE OU ARRANHÃO

Os cortes ou arranhões podem ocorrer durante brincadeiras, jogos com bola, mas também em situações em que se utilizem instrumentos cortantes, como facas, canivetes, entre outros. Esses instrumentos em geral são feitos de metal e têm um de seus lados afiados para permitir o corte dos alimentos ou objetos. Nunca utilize objetos afiados ou cortantes sem a supervisão de um adulto.

SHOWCAKE/SHUTTERSTOCK.COM

Em caso de quebra de utensílios de vidro, é importante alertar um adulto para que limpe a área e retire todos os cacos que podem causar acidentes.

Outro material que pode cortar e causar ferimentos graves é o vidro. Ao se quebrar, o vidro pode gerar pedaços com pontas afiadas que cortam profundamente. Evite utilizar objetos de vidro. Não ande ou corra com copos e pratos na mão. No caso de corte, peça sempre auxílio a um adulto.

## CHOQUE ELÉTRICO

O choque elétrico é um dos acidentes mais graves que podem ocorrer. Ele pode causar distúrbios na circulação sanguínea e até mesmo, em alguns casos, parada cardiorrespiratória.

Os choques elétricos podem ocorrer ao mexer em tomadas ou em fios desencapados.

Em caso de choque, ou de estar próximo a alguém que sofra esse tipo de acidente, deve-se chamar um adulto imediatamente para que isole o local e desligue a fonte de energia elétrica. Em seguida, deve-se procurar ajuda médica.

PRILL/SHUTTERSTOCK.COM

Deve-se ficar atento ao ver esse símbolo, pois ele indica o risco de choque elétrico.

## ATIVIDADES

**1.** Assinale com um X as frases que descrevem comportamentos perigosos de crianças que podem causar acidentes graves.

- ☐ Utilizar tesouras, agulhas e facas sem a supervisão de um adulto.
- ☐ Mexer em panelas sobre o fogão.
- ☐ Nunca colocar equipamentos elétricos na tomada sozinho.
- ☐ Recolher os cacos de vidro quando um copo se quebra.

- Reescreva as frases que você assinalou, corrigindo-as.

**2.** Em uma folha avulsa, façam uma lista de cuidados importantes para evitar acidentes na escola e compartilhem suas ideias com a turma.

## #FICA A DICA

**PROTESTE. Cartilha de acidentes domésticos infantis. Rio de Janeiro, 2017. Disponível em: <http://ftd.li/jtahyh>. Acesso em: 26 mar. 2018.**

Na página da PROTESTE na internet, é possível ter acesso à **Cartilha de acidentes domésticos infantis**. O foco da publicação é a prevenção de acidentes domésticos infantis e tem o objetivo de incentivar a mobilização em favor da saúde e da vida das crianças. Baixe a cartilha e informe-se sobre o assunto.

HTTPS://WWW.PROTESTE.ORG.BR

## UM PASSO A MAIS

LEO FANELLI / GIZ DE CERA

**1.** Escolha quatro objetos que aparecem na imagem. Escreva o nome de cada um deles, o material de que ele pode ser feito e uma característica desse material.

| NOME DO OBJETO | MATERIAL DE QUE É FEITO | CARACTERÍSTICA DO MATERIAL |
|---|---|---|
| | | |
| | | |
| | | |
| | | |

2. Qual é o material do brinquedo da criança? Ele é adequado? Por quê?

3. De que material é feito o filtro que está sobre a pia? Para que o filtro é utilizado? Explique a importância desse objeto para manter a boa saúde dos moradores da casa.

4. Vimos que, com o passar do tempo, os objetos produzidos pelos seres humanos foram se transformando. Pode ter havido mudanças em seus usos, em sua forma e também nos materiais dos quais são feitos. Vamos tentar fazer um objeto novo e interessante?

a) Pense em um invento que teria uso especial para você e desenhe-o em uma folha avulsa. Você pode fazer seu desenho com diferentes materiais, como lápis, giz de cera, guache.

b) Na mesma folha, escreva o nome de seu invento, para que serve e quais os materiais utilizados em sua fabricação, como no modelo a seguir.

c) Apresente o que você criou aos colegas e ao professor.

NOME DO OBJETO:

______________________________

FUNÇÃO DO OBJETO:

______________________________

MATERIAIS UTILIZADOS:

______________________________

______________________________

# CENTROS, SALAS, PARQUES E MUSEUS DE CIÊNCIAS NO BRASIL

## NORTE

### AMAZONAS – MANAUS

**Bosque da Ciência**

Endereço: Rua Otávio Cabral, s/n, Petrópolis, Manaus, AM
Funcionamento: de terça a sexta, das 9 h às 12 h e das 14 h às 17 h; sábados, domingos e feriados, das 9 h às 16 h
Tel. (92) 3643-3192
*Site*: http://ftd.li/3f9joc

### PARÁ – BELÉM

**Museu Paraense Emílio Goeldi**

Endereço: Av. Magalhães Barata, 376, São Brás, Belém, PA
Funcionamento: de terça a domingo, das 9 h às 17 h
Tel. (91) 3182-3200/3231
*Site*: http://ftd.li/hs6015

### RONDÔNIA – PRESIDENTE MÉDICI

**Centro de Pesquisas e Museu Regional de Arqueologia de Rondônia**

Endereço: Rua Tiradentes B. Lino Alves Teixeira, 2064, Presidente Médici, RO
Funcionamento: de segunda a sexta-feira, das 7 h às 17h30
Tel. (69) 3471-2892

## NORDESTE

### CEARÁ – FORTALEZA

**Ecomuseu Natural do Mangue – Sabiaguaba**

Endereço: Rua Prof. Valdevino, 58, Boca da Barra, Sabiaguaba, Fortaleza, CE
Funcionamento: de segunda a sexta-feira, com agendamento; sábado e domingo, das 8 h às 16 h
Tel. (85) 8749-5286

### PERNAMBUCO – OLINDA

**Espaço Ciência – Museu de Ciência**

Endereço: Parque Memorial Arcoverde, Parque 2, s/n, Complexo de Salgadinho, Salgadinho, Olinda, PE
Funcionamento: de segunda a sexta, das 8 h às 17 h, sábado e domingo, das 13h30 às 17 h
Tel. (81) 3241-3226
*Site*: http://ftd.li/wud7xe

## CENTRO-OESTE

### DISTRITO FEDERAL

**Museu de Geociências**

Endereço: Instituto de Geociências, Campus Universitário da UnB, Asa Central, Brasília, DF
Funcionamento: entrar em contato
Tel. (61) 3107-7002
*Site*: http://ftd.li/txxe3y

### GOIÁS – GOIÂNIA

**Pátio da Ciência**

Endereço: Campus Universitário Samambaia, UFG, Goiânia, GO
Funcionamento: segundas, quartas e sextas, das 8 h às 12 h
Tel. (62) 3521-1122, r. 244
*Site*: http://ftd.li/d5iwwg

**MATO GROSSO – CÁCERES**

**Centro de Educação e Investigação em Ciências e Matemática**

Endereço: Av. Tancredo Neves, 1095, Cidade Universitária/UNEMAT, Cavalhada II, Cáceres, MT

Funcionamento: de segunda a sexta, das 14 h às 17h30

Tel. (65) 3221-0510

*Site*: http://ftd.li/4mqsaz

**MATO GROSSO DO SUL – DOURADOS**

**Observatório Solar Indígena da Universidade Estadual de Mato Grosso do Sul**

Endereço: Rodovia Dourados Itahum, km 12, Cidade Universitária, Dourados, MS

Funcionamento: de segunda a sexta, das 8 h às 12 h e das 14 h às 18 h

Tel. (67) 3902-2360 / Fax (67) 3902-2364

*Site*: http://ftd.li/p5fga8

## SUDESTE

**MINAS GERAIS – JUIZ DE FORA**

**Centro de Ciências da Universidade Federal de Juiz de Fora**

Endereço: Rua Visconde Mauá, 300, Santa Helena Juiz de Fora, MG

Funcionamento: de segunda a sexta, das 8 h às 18 h; quintas das 19 h às 21 h

Tel. (32) 3229-7606

*Site*: http://ftd.li/s7whyt

**RIO DE JANEIRO – RIO DE JANEIRO**

**Museu Ciência e Vida**

Endereço: Rua Aílton da Costa, s/n, 25 de Agosto, Duque de Caxias, RJ

Funcionamento: de terça a sábado, das 9 h às 17 h; domingos e feriados das 13 h às 17 h

Tel. (21) 2671-7797

*Site*: http://ftd.li/y8scxa

**SÃO PAULO – SÃO PAULO**

**Catavento Cultural e Educacional**

Endereço: Av. Mercúrio, s/n, Parque Dom Pedro II, Brás, São Paulo, SP

Funcionamento: de terça a domingo, das 9 h às 17 h (bilheteria até 16 h)

Tel. (11) 3315-0051 / Fax (11) 3246-4138

*Site*: http://ftd.li/9rxaj8

## SUL

**PARANÁ – LONDRINA**

**Museu de Ciência e Tecnologia de Londrina**

Endereço: Rodovia Celso Garcia Cid, Pr 445, km 380, Campus Universitário, Londrina, PR

Funcionamento: segunda e terça, das 9 h às 11 h e das 15 h às 17 h

Tel./Fax (43) 3371-4804 / 3371-4805

*Site*: http://ftd.li/y696vt

**RIO GRANDE DO SUL – SANTA MARIA**

**Jardim Botânico da Universidade Federal de Santa Maria – Centro de Ciências Naturais e Exatas**

Endereço: Av. Roraima, 1 000, prédio 13 (CCNE), Camobi, Santa Maria, RS

Funcionamento: de segunda a sexta, das 8 h às 12 h e das 13 h às 17 h

Tel. (55) 3220-8339 r. 222 e 225

*Site*: http://ftd.li/5fpxbq

**SANTA CATARINA – FLORIANÓPOLIS**

**Planetário da Universidade Federal de Santa Catarina**

Endereço: Centro de Filosofia e Ciências Humanas, Campus Universitário, Trindade, Florianópolis, SC

Funcionamento: segunda a sexta, com agendamento

Tel. (48) 3721-4133 / Fax (48) 3721- 2003

*Site*: http://ftd.li/cycxrz

# REFERÊNCIAS BIBLIOGRÁFICAS


AZEVEDO, Maria N. de. **Ensinar ciências e pesquisa-ação**: saberes docentes em elaboração. Jundiaí: Paco, 2013.

AZEVEDO, Maria N. de. **Mediação discursiva em aulas de ciências, motivos e sentidos no desenvolvimento profissional docente**. Tese de Doutorado para o Programa de Pós-Graduação em Educação. Área de Concentração: Ensino de Ciências e Matemática. Faculdade de Educação da Universidade de São Paulo, SP, 2013.

BRANCO, Samuel M. **O meio ambiente em debate**. 3. ed. São Paulo: Moderna, 2004. (Polêmica).

CARVALHO, Anna Maria Pessoa de (Org.) **Ensino de ciências por investigação**: condições para implementação em sala de aula. São Paulo: Cengage Learning, 2013.

CARVALHO, Anna Maria Pessoa de; GIL-PÉREZ, Daniel. **Formação de professores de ciências**: tendências e inovações. São Paulo: Cortez, 1995.

CHASSOT, Attico. **Alfabetização científica**: questões e desafios para a educação. Ijuí: Unijuí, 2001.

DE CASTRO, Tamiris Franco; GOLDSCHMIDT, Andréa Inês. Aulas práticas em ciências: concepções de estagiários em licenciatura em biologia e a realidade durante os estágios. **Amazônia**: Revista de Educação em Ciências e Matemáticas, v. 13, n. 25, dez. 2016. Disponível em: <http://periodicos.ufpa.br/index.php/revistaamazonia/article/view/3800>. Acesso em: 23 maio 2017.

ESPINOSA, Ana Maria. **Ciências na escola**: novas perspectivas para a formação dos alunos. São Paulo: Ática, 2010.

FRACALANZA, Hilário; MEGID NETO, Jorge (Org.). **O livro didático de ciências no Brasil**. Campinas: Komedi, 2006.

FRANCO, Silmara; ALVES, Januária Cristina (Coord.). **Navegando em mares conhecidos**: como usar a internet a meu favor. São Paulo: Moderna, 2012.

GASPAR, Alberto. **Experiências de ciências para o ensino fundamental**. São Paulo: Ática, 2015.

IHERING, Rodolpho Von. **Dicionário dos animais do Brasil**. Rio de Janeiro: Difel, 2002.

MONTANARI, V. **Energia nossa de cada dia**. São Paulo: Moderna, 2003.

MORALES, P. **Avaliação escolar**: o que é e como se faz. São Paulo: Loyola, 2003.

MORIN, André; GADOUA, Gilles; POTVIN, Gérard. **Saber, ciência, ação**. São Paulo: Cortez, 2007.

MORTMER, Eduardo F. **Linguagem e formação de conceitos no ensino de ciências**. Belo Horizonte: Ed. UFMG, 2000.

POUGH, Harvey F.; JANIS, Christine M.; HEISER, John B. **A vida dos vertebrados**. 4. ed. São Paulo: Atheneu, 2008.

RAVEN, Peter H. et al. **Biologia vegetal**. 7. ed. Rio de Janeiro: Guanabara Koogan, 2007.

RIDPATH, Ian. **Guia ilustrado Zahar**: Astronomia. Rio de Janeiro: Jorge Zahar, 2007.

RODRIGUES, Rosicler M. **O solo e a vida**. São Paulo: Moderna, 2013.

ROSA, Marcelo D'Aquino; MOHR, Adriana. Seleção e uso do livro didático: um estudo com professores de ciências na rede de ensino municipal de Florianópolis. **Ens. Pesqui. Educ. Ciênc.**, Belo Horizonte, v. 18, n. 3, p. 97-115, set-dez 2016. Disponível em: <http://www.portal.fae.ufmg.br/seer/index.php/ensaio>. Acesso em: jan. 2017.

SADAVA, D. et al. **Vida, a ciência da biologia**. 8. ed. Porto Alegre: Artmed, 2009.

SANTOS, Boaventura de Sousa. **Um discurso sobre ciências**. São Paulo: Cortez, 2003.

SAPIENSE, Silvia; Equipe Editorial Parramón (Adap.). **Atlas de anatomia**. São Paulo: FTD, 2006.

SOBOTTA, Johannes. **Atlas de anatomia humana**. 23. ed. Rio de Janeiro: Guanabara Koogan, 2013.

SOCIEDADE BRASILEIRA DE ANATOMIA. **Terminologia anatômica**: terminologia anatômica internacional. São Paulo: Manole, 2001.

TELLES, Marcelo de Q. et al. **Vivências integradas com o meio ambiente**. São Paulo: Sá Editora, 2002.

VALADARES, Eduardo de C. **Física mais que divertida**. Belo Horizonte: UFMG, 2012.